潇水讲三国

军阀崛起 1

张守春◎著

浙江人民出版社

图书在版编目（CIP）数据

潇水讲三国.1，军阀崛起 / 张守春著 . — 杭州：
浙江人民出版社，2023.3

ISBN 978-7-213-10652-1

Ⅰ.①潇⋯　Ⅱ.①张⋯　Ⅲ.①中国历史—三国时代—
通俗读物　Ⅳ.①K236.09

中国版本图书馆CIP数据核字（2022）第101090号

潇水讲三国1：军阀崛起

张守春 著

出版发行：浙江人民出版社（杭州市体育场路 347 号　邮编：310006）
　　　　　市场部电话：（0571）85061682　85176516

责任编辑：李　楠　方　程

营销编辑：陈雯怡　赵　娜　陈芊如

责任校对：戴文英

责任印务：刘彭年

封面设计：昇一设计

电脑制版：济南唐尧文化传播有限公司

印　　刷：杭州丰源印刷有限公司

开　　本：710 毫米 × 1000 毫米　1/16　　印　　张：13.5

字　　数：180 千字

版　　次：2023 年 3 月第 1 版　　　　印　　次：2023 年 3 月第 1 次印刷

书　　号：ISBN 978-7-213-10652-1

定　　价：68.00 元

目　录

三国人物关系图

一、汉室皇帝及其后代

西汉 刘邦（汉高祖）
- 刘恒（汉文帝）
  - 刘启（汉景帝）
    - 刘彻（汉武帝）
      - 刘弗陵（汉昭帝）
      - 刘贺（废帝）
      - 刘询（汉宣帝）
      - 刘奭（汉元帝）
      - 刘骜（汉成帝）
      - 刘欣（汉哀帝）
      - 刘衎（汉平帝）
      - 刘婴（孺子）
    - 刘胜（中山靖王）
      - 刘贞（陆成侯）
        - 刘弘（小吏）
          - 刘备（汉昭烈帝）〔蜀汉〕
            - 刘禅（汉怀帝）
    - 刘发（长沙定王）
      - ……刘秀（汉光武帝）〔东汉〕
        - 刘庄（汉明帝）
          - 刘宏（汉灵帝）
            - 刘辩（汉少帝）
            - 刘协（汉献帝）
              - 刘康（山阳公）
        - 刘延（阜陵质王）
          - 刘晔（曹魏东亭侯）
          - 刘陶（曹魏平原太守）
        - 刘强（阜陵恭王）
          - 刘虞（幽州牧）
    - 刘系（鲁恭王）
      - 刘骄（郁粮侯）
        - 刘表（荆州牧）
          - 刘琮
          - 刘琦
      - ？
        - 刘焉（益州牧）
          - 刘璋（益州牧）
          - 刘瑁
          - 刘范（左中郎将）
- 刘盈（汉惠帝）
- 刘肥（齐悼惠王）
  - 刘濞（牟平侯）
    - 刘舆（山阳太守）
      - 刘繇（扬州刺史）
      - 刘岱（兖州刺史）
      - 刘岱

二、群雄关系图

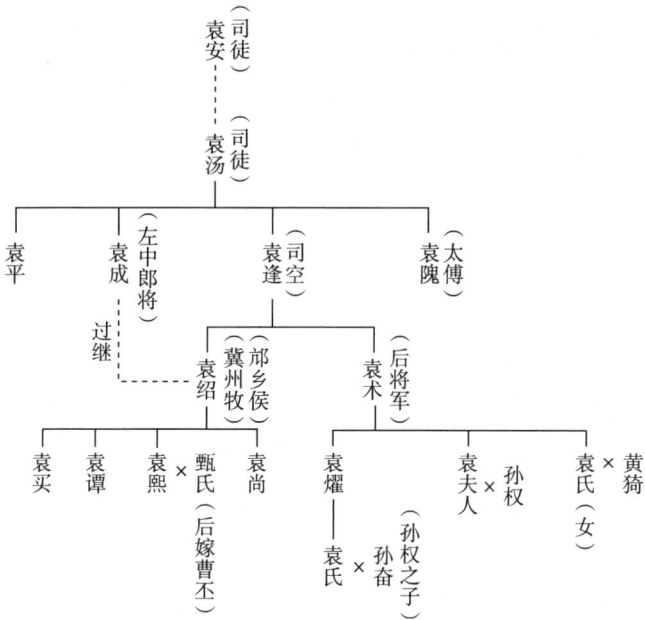

袁氏

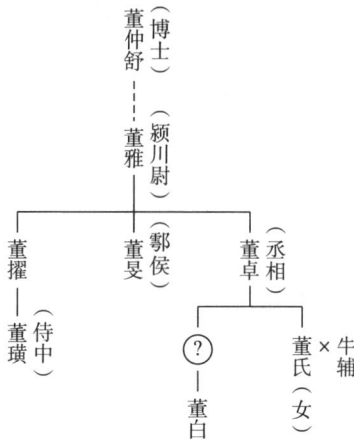

董氏

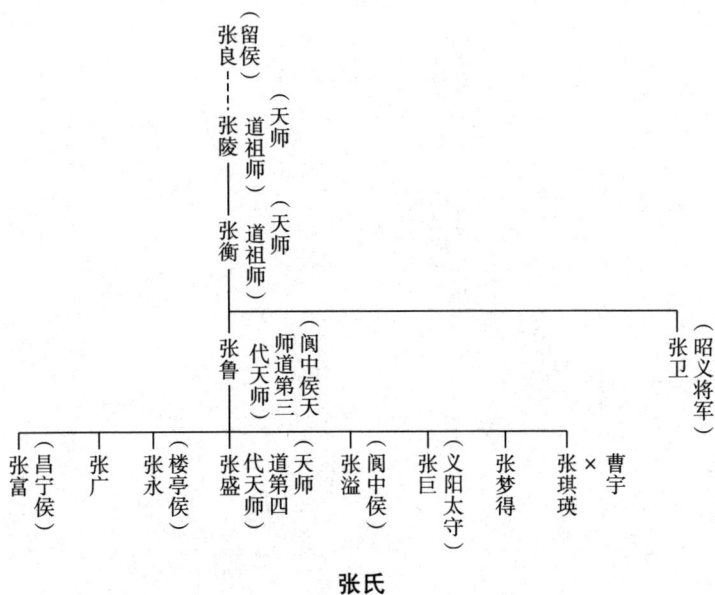

张氏

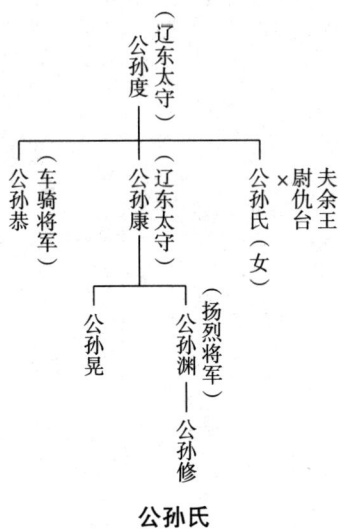

公孙氏

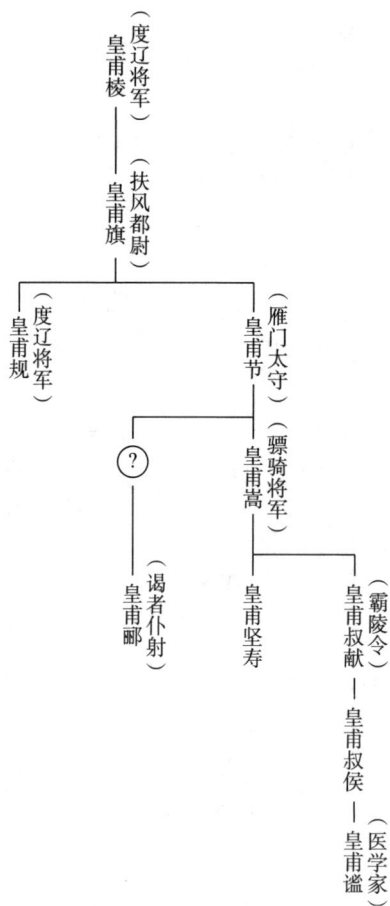

皇甫氏

三、曹魏关系图

（太仆）
夏侯婴 — 夏侯氏

？ — 夏侯惇

？

？ — 夏侯尚

夏侯渊

（夏侯氏）
曹嵩 — 曹操

夏侯楙
×
清河公主

夏侯氏
×
张飞

德阳乡主
×
夏侯尚

（后降蜀）
夏侯霸

张氏（蜀敬哀皇后）

张氏（安乐县公夫人）
×
刘禅

夏侯玄

夏侯微（女）
×
司马师

夏侯氏

曹节

曹褒 — 曹炽 — 曹仁 / 曹纯

曹腾

曹鼎 — (?) — (?)

(?) — 曹洪 — 曹休

曹嵩 (夏侯氏) — 曹操

刘夫人 ×

卞皇后 ×

环夫人 ×

荀粲 (荀彧之子) × — 曹真 (养子) / 德阳乡主

夏侯楙 × (养女，曹真之妹)

清河公主 × — 曹爽 / 曹训 / 曹义

曹昂

甄皇后 — 曹丕 — 曹叡 — 曹芳 (养子)

仇昭仪 — 曹彰 — 曹霖 — 曹髦

曹植

曹熊

曹宇 — 曹奂

曹冲 (禅位司马炎)

(曹皇后) 曹节

曹宪

曹华

安阳公主

荀恽 (荀彧之子)

曹氏

司马防 (骑都尉 京兆尹)

司马朗 (兖州刺史)

司马懿

司马师

司马昭 — 司马炎 (晋武帝)

司马伷 — 司马攸 (曾过继司马师)

司马孚 (安平献王 中庶子)

司马望

司马氏

四、蜀汉关系图

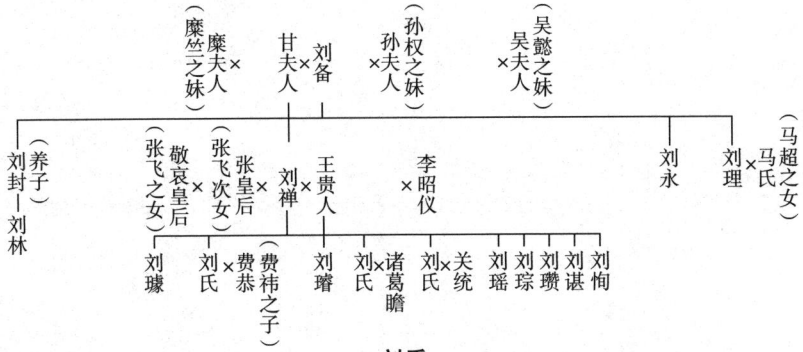

刘氏

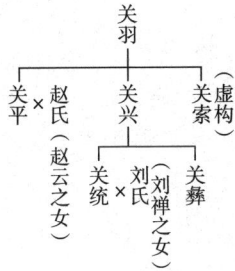

关氏

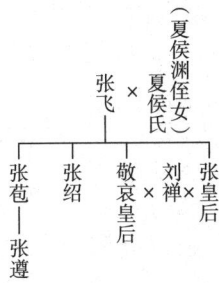

张氏

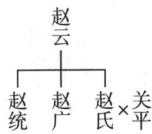

赵氏

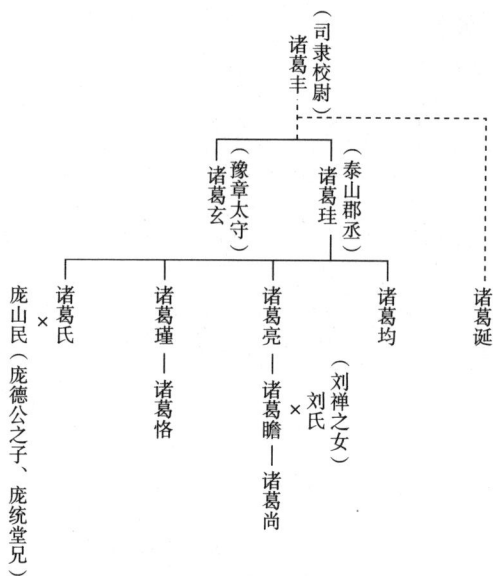

诸葛氏

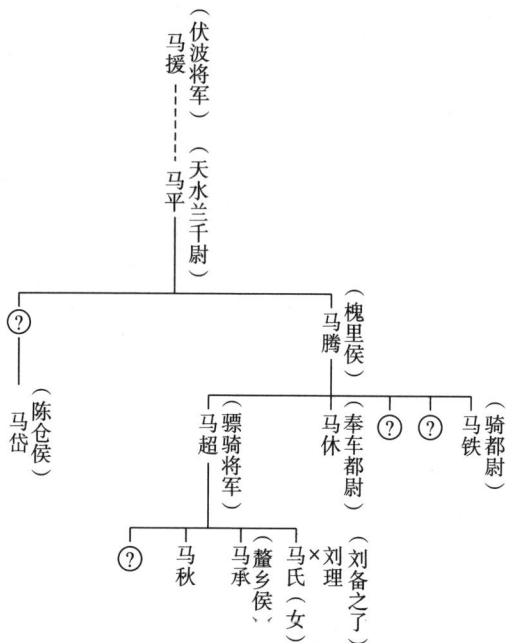

马氏

五、东吴关系图

孙钟

孙羌　吴国太　孙坚　×丁氏　孙静

孙贲　孙策　孙权　孙翊　徐氏　孙匡　曹仁之女　孙朗　刘备　孙夫人　孙暠　孙瑜（奋威将军）　孙皎（护军校尉）　孙奂（扬威将军）

孙邻　孙安　孙氏×曹彰　孙绍　孙氏×顾雍之子顾邵　陆逊　孙氏×朱治之子朱纪　孙河（养子）　孙韶　孙登×周瑜之女　孙和　孙休　孙亮×全氏（全尚之女）　朱皇后　孙鲁育×朱据—朱皇后　先嫁周瑜之子周循后嫁全琮　孙鲁班　滕公主×滕胤　朱据　孙绰　孙超　孙恭　散骑侍郎　偏将军　孙氏×昌据（昌范聚之子）　孙氏×滕胤

孙苗　孙歆　孙震　陆抗　孙绰（安民都尉）　孙綝（丞相）　孙据　孙恩　孙干　孙闿　孙氏　全尚　全琮之侄　全怿×孙峻

全纪　全氏×孙亮

孙氏

周荣（尚书令）

周兴（尚书郎）　周异（洛阳令）

周景（司空）

周崇（安阳乡侯）　周忠（太尉）　周×　周瑜（太尉）×小乔

周晖（洛阳令）　周峻（偏将军）　周循×孙鲁班　周胤（都乡侯）　周氏×孙登

周氏

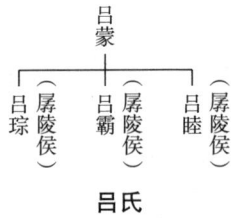

吕氏

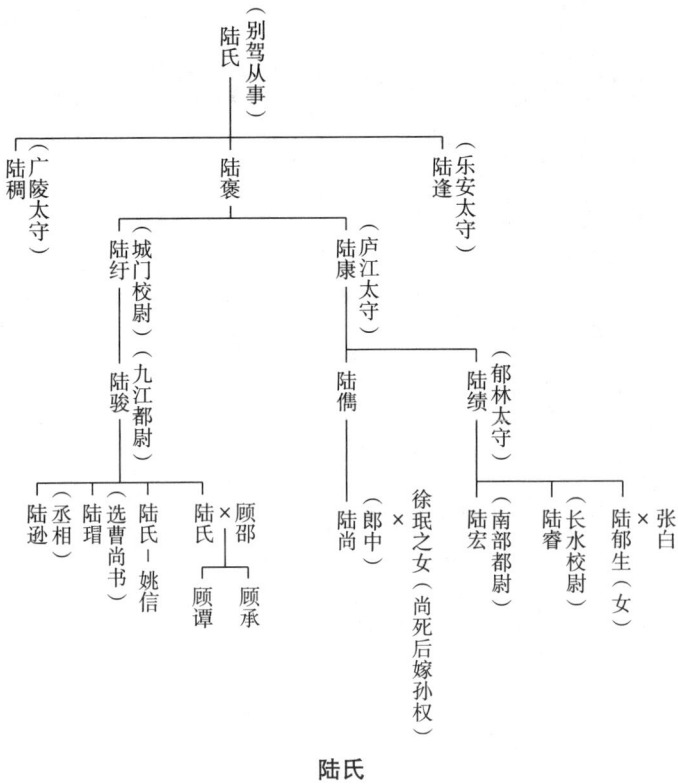

陆氏

三国大事年表

年份	纪年	汉室	群雄	曹魏	蜀汉	东吴
168 年	汉灵帝建宁元年	刘宏即位为灵帝				
181 年	光和四年	王美人生刘协				
183 年	光和六年		张角准备起义			
184 年	中平元年	何进任大将军	黄巾起义爆发 张角病死 皇甫嵩等人剿灭黄巾军			
185 年	中平二年		黄巾军基本被朝廷平定，余众转入地下			
189 年	中平六年	灵帝死，少帝刘辩即位 何进被杀 董卓立陈留王刘协为献帝	董卓进京 伍孚行刺董卓			
190 年	汉献帝初平元年	董卓杀少帝 董卓迁都长安	诸侯讨董卓	曹操兵败		孙坚投靠袁术
191 年	初平二年	董卓任太师	袁绍取得冀州		刘备任平原国相	孙坚被黄祖射死
192 年	初平三年	董卓在郿坞建巨城 董卓被杀	吕布杀董卓	曹操任兖州刺史		

续表

年份	纪年	汉室	群雄	曹魏	蜀汉	东吴
193 年	初平四年		吕布投靠河内郡	曹操全家被张闿杀害 曹操复仇		
194 年	兴平元年		陶谦向刘备求援	曹操血洗徐州	刘备娶甘夫人	
195 年	兴平二年	李傕、郭汜阴谋劫汉献帝 汉献帝向曹操求援	陶谦死 吕布偷袭兖州	曹操进攻徐州	刘备任豫州刺史	孙策攻打刘繇
196 年	建安元年		吕布袭徐州，刘备降	曹操迎汉帝到许都		
197 年	建安二年		袁绍任大将军 袁术称帝	曹操攻张绣，张绣降 曹操讨伐袁术		
198 年	建安三年	献帝下令诛李傕三族	吕布攻沛，获刘备妻儿	曹操攻张绣		周瑜、鲁肃投奔孙策
199 年	建安四年		袁绍大败公孙瓒，公孙瓒自焚 袁术把帝位让与袁绍	张绣归降曹操 贾诩归降曹操		
200 年	建安五年		董承奉曹操计划败露 袁绍、曹操官渡之战	曹操攻打徐州	刘备投靠袁绍，赵云投靠刘备 刘备南逃，与张飞、关羽会合	孙策死，孙权继承江东
201 年	建安六年			曹操大败袁绍	刘备投奔荆州刘表	

续表

年份	纪年	汉室	群雄	曹魏	蜀汉	东吴
202年	建安七年		袁绍病死 袁氏内斗			
203年	建安八年		袁尚打败袁谭，袁谭求救于曹操			
204年	建安九年		袁尚投幽州袁熙 辽东公孙度去世，公孙康继承	曹操助袁谭打败袁尚		
205年	建安十年		袁熙、袁尚逃奔乌桓	曹操攻南皮，斩袁谭		
206年	建安十一年			曹操攻下壶关，斩高干		
207年	建安十二年		袁熙、袁尚逃奔辽东，被公孙康杀死	曹操大破乌桓 曹操统一北方	刘备遭蔡瑁暗算 刘备请诸葛亮出山 刘禅出生	
208年	建安十三年	曹操废三公，自任丞相	荆州刘表去世	孔融被曹操所杀 曹操准备兴兵南下 曹操南征，收服荆州 赤壁之战，孙刘联军大败曹操	诸葛亮出使东吴，与孙权联盟 赤壁之战，孙刘联军大败曹操 刘备占据荆州西南	孙权攻黄祖，俘虏数万人 赤壁之战，孙刘联军大败曹操 孙权占据荆州东北
209年	建安十四年		刘琦病死		刘备娶孙尚香	周瑜成为南郡长官

续表

年份	纪年	汉室	群雄	曹魏	蜀汉	东吴
210年	建安十五年			曹操兴建铜雀台	刘备逃回荆州	周瑜病逝，鲁肃接替 孙权把荆州借给刘备
211年	建安十六年			曹操任命曹丕为五官中郎将 曹操与马超对战	刘璋密谋迎刘备入益州 刘璋迎接刘备入益州 刘备北上攻张鲁	
212年	建安十七年	献帝允许曹操佩剑上殿		荀彧服药自尽 夏侯渊平定马超	刘备攻取益州	
213年	建安十八年	曹操三个女儿入献帝后宫	马超兵败陇西，投降张鲁	曹操进攻孙权 曹操成为魏国公		
214年	建安十九年			杨修因"千政"被处斩	严颜归降刘备 马超归降刘备 庞统被流矢射死 刘璋投降，益州归属刘备	
215年	建安二十年			曹操攻打张鲁，张鲁投降	刘备围攻锥城 刘备归还荆州三郡	孙权大战曹操，差点丧命
219年	建安二十四年			曹操兵败定军山 曹操兵败水淹七军	赵云大破曹军 刘备背水一战 刘备自封汉中王，立刘禅为太子 关羽被孙权斩首	孙权向关羽求婚被拒 吕蒙、陆逊重获荆州

续表

年份	纪年	汉室	群雄	曹魏	蜀汉	东吴
220 年	献帝延康元年 / 魏文帝黄初元年	汉献帝被曹丕降为山阳公		曹操去世，曹丕即位为魏王，建立魏政权，是为魏文帝		
221 年	魏黄初二年 / 蜀章武元年				刘备称帝，建立蜀汉政权 张飞被杀，刘备攻吴	孙权受封为吴王
222 年	魏黄初三年 / 蜀章武二年				刘备攻吴失败，逃回白帝城	
223 年	魏黄初四年 / 蜀建兴元年				刘备去世，刘禅即位 诸葛亮为丞相 邓芝使吴	陆逊任大都督
225 年	魏黄初六年 / 蜀建兴三年			曹丕进攻吴国，失败	诸葛亮南下平定南中叛乱	孙韶抵抗魏国进攻
226 年	魏黄初七年 / 蜀建兴四年			曹丕去世，曹叡即位，称魏明帝		
227 年	魏太和元年 / 蜀建兴五年			司马懿成为都督	诸葛亮上《（前）出师表》，准备北伐	
228 年	魏太和二年 / 蜀建兴六年				蜀国北伐失利，诸葛亮自贬右将军	

续表

年份	纪年	汉室	群雄	曹魏	蜀汉	东吴
229年	魏太和三年/蜀建兴七年/吴黄龙元年				诸葛亮恢复丞相之位	孙权称帝
230年	魏太和四年/蜀建兴八年/吴黄龙二年			曹真攻蜀汉/司马懿、曹真共攻蜀汉		
231年	魏太和五年/蜀建兴九年/吴黄龙三年			曹真病逝，司马懿成为大将军	诸葛亮第四次北伐，被召回	
234年	魏青龙二年/蜀建兴十二年/吴嘉禾三年			司马懿与诸葛亮在五丈原僵持	诸葛亮联合东吴北伐/诸葛亮屯田军事/诸葛亮病逝，将蒋琬管理蜀国政事	东吴攻打蜀汉，撤军
235年	魏青龙三年/蜀建兴十三年/吴嘉禾四年	献帝孙刘康袭封山阳公				
239年	魏景初三年/蜀延熙二年/吴赤乌二年			曹叡去世前将曹芳托付给曹爽和司马懿/司马懿任太傅		
240年	魏正始元年/蜀延熙三年/吴赤乌三年			曹芳即位，是为魏齐王		

续表

年份	纪年	汉室	群雄	曹魏	蜀汉	东吴
249年	魏嘉平元年/蜀延熙十二年/吴赤乌十二年			司马懿发动政变，诛杀曹爽及其三族		
251年	魏嘉平三年/蜀延熙十四年/吴赤乌十四年			司马懿病逝，其子司马昭袭大将军		
252年	魏嘉平四年/蜀延熙十五年/吴建兴元年					孙权病逝，孙亮即位
254年	魏嘉平六年/蜀延熙十七年/吴五凤元年			司马师罢黜曹芳，立高贵乡公曹髦为魏国皇帝	姜维受命督内外军事，开始多次北伐	
258年	魏甘露三年/蜀景耀元年/吴永安元年					大将军孙綝发动政变，罢黜孙亮，立孙休，即吴景帝
260年	魏景元元年/蜀景耀三年/吴永安三年			司马昭成为相国，封晋公，曹髦讨伐司马昭，被刺；曹奂即位，即魏元帝		

续表

年份	纪年	汉室	群雄	曹魏	蜀汉	东吴
263年	魏景元四年/蜀景兴元年/吴永安六年			钟会、邓艾伐蜀	蜀汉灭亡	
264年	魏咸熙元年/吴元兴元年			平息钟会之乱	刘禅降为安乐乡公，乐不思蜀	孙皓登基
265年	魏咸熙二年/吴元兴二年			曹奂禅让给晋王司马炎，曹魏灭亡，西晋开始，司马炎即晋武帝，曹奂降为陈留王		
271年	晋泰始七年/吴建衡三年					吴孙皓攻晋，后撤退
272年	晋泰始七年/吴凤凰元年			司马炎进驻西陵		陆抗大败晋杨肇，杀步阐
278年	晋咸宁四年/吴天纪二年			羊祜去世，杜预驻扎襄阳		
279年	晋咸宁五年/吴天纪三年			西晋出动六路兵马攻打吴国		
280年	晋太康元年/吴天纪四年			西晋消灭吴国		吴孙皓投降，东吴灭亡，孙皓降为归命侯

第一章

不是问题的问题

公元 168 年，东汉第十二位皇帝汉灵帝刘宏即位。他在位前期，全国到处都有妖道在活动。但由于有卢植、臧旻、朱儁等一干人平叛，倒也落了个虚假的天下太平。

这一天，一封密信呈到汉灵帝面前，令他大吃一惊。他意识到，这些官吏一直对他隐瞒了一些重要的事。

密信出自太平道的头领——济南国的唐周，内容是揭发张角的。信中说："陛下，大事不好，太平道的渠帅马元义等人把数万徒众集结在冀州的州治邺县。同时，马元义本人还跑到京师洛阳，跟您的大宦官封谞、徐奉交往，后者拿了钱答应当他的内应。相约三月五日里应外合向洛阳发难！"其中，渠帅本是汉朝人对周边地区其他民族或国家的将领的代称，此处为了表示对黄巾军的蔑视，所以也用了"渠帅"这个词。

汉灵帝大惊失色，连忙招来三公商议。经过了解他才知道，张角是一个善于揣摩人心的人。

张角的家是在今河北省中部，当时属于冀州巨鹿郡。张角自称获得了一部有 100 多卷的经典《太平清领书》。从今人角度看，实际上太平道是道教分支，主要目的是求长生，至少要少得病，所以张角也给人治病。张角给人治病的方法不是吃药，而是让有病的人忏悔，他称之为"首过"。当病人慕名而来，他就把病人领到空旷的地方，叫病人跪下朝着天地不停地磕头，同时把自己干过的坏事统统说一遍，据说要从 7 岁说起。显然，如果病人得的是健忘症，这病就没治了。然后，助手写好一张符，交给张角，并用火点着。张角一手持九节杖，另一手把符放入水盆里浸灭，叫病人把这符水喝了。他再开始执杖念咒，替病人祈祷。

经过跪拜、首过、喝符水、念咒这一系列过程之后，颇多病人竟然奇迹般地痊愈了。结果张角得到了更多人的崇拜。

在我看来，这并不是什么奇迹，因为现代科学证明：首先人体有自愈能力，其次就是安慰剂效应。所谓安慰剂效应，就是指当人相信自己得到有效治疗后，他的病情就会改观。是的，张角的首过、符水就是安慰剂，病人相信这是对自己的有效治疗，于是产生治疗效果。它起作用的基础在于"信"，所谓"信则灵"，或者说是病人对张角的那一套把戏充满信心，能给病人带来确定感和心灵的安定感。

的确，如果病人的病没有好，张角也可以说："那是因为你不信我的太平道。"

正因如此，很多人都来信奉太平道，学善道、首过、治病。当然，这种保健治病服务不是免费的。随着信奉的人越来越多，张角也开始自称大贤良师。

他的弟子们学着他的样子，在云游四方时吸收到更多的人加入。

由于当时社会腐败，民不聊生，十几年之间，太平道的信徒已经积聚到数十万人，几乎相当于东汉一个中等郡的人口。很多信奉者变卖了财产，带着有病的家属，背着襁褓中的婴儿，不远千里挤在道路上找张角或者其弟子的各分部。这些人多得填塞了道路，路上就有数万人累病而死。

这种大量民众聚集信奉某种宗教的现象，地方政府当然也是知道的，但是州郡长官们都不敢上报给皇帝：一是怕显得自己治理工作没干好，二是怕皇帝不相信有这样的事情而怪罪。

于是大家就不报，州郡长官还自欺欺人，说这是张角教大家行善道，是帮助政府治理百姓，是好事。总之，州郡的长官就这样一起蒙蔽皇帝。汉灵帝虽有风闻，但并不为意。

东汉末年，因政治腐败，地主豪强日盛，土地兼并严重，致使百姓纷纷破产流亡。缺吃少穿的他们痛恨统治者，便鼓动张角发动起义。而张角也确实有这种想法，他随即把太平道改建成了一个准军事组织，在全国设置 36 方。方就如郡县之意，大方领万余人，小方领六七千人，每方又有各级渠帅，下面的兵员选的全是精壮之士，加起来近 30 万人。

盛行神学迷信的谶纬之学，是当时官方正统的社会思想，以预测吉凶。于是当时就有谶语说："代汉者，当涂高也。"

但是，张角无论是名字还是宗族地望，怎么都附会不上"当涂高"3 个字，他便编了一句谶语："苍天已死，黄天当立。岁在甲子，天下大吉。"

这 16 个字简单来说就是：东汉政府这个"天"已经威权扫地，根本管不好国家与人民，政府犹如死了一样，现在必须换一个黄天上去，时间就在甲子年。

与此同时，张角又命令各地各方徒众，用白粉在各郡县官府大门上写上"甲子"二字。很显然这是在煽动民众揭竿而起，反抗朝廷。

甲子年很快就到了，即公元 184 年。

这年二月，汉灵帝收到了济南国人唐周的密信后才相信真有民众作乱。

汉灵帝大吃一惊，赶紧命令洛阳令在城里搜捕准备起事的黄巾军首领马元义。抓捕审讯之后，施以车裂之刑。然后，汉灵帝又派三公府的府掾带着吏卒，在皇宫和各官府的宿卫兵与百姓里，排查信奉太平道的人。直到抓捕了 1000 多人，才略觉安全。随后，汉灵帝下诏命冀州官府捕杀黄巾军的各级渠帅。

张角本来计划在甲子年三月 36 方同时起事，但此时他发现官府已经先有动作了，只好发出快马，星夜向全国各方发出教主命令，要求各地徒众戴着黄巾提前举事。二月，张角自称天公将军，他的弟弟张宝自称地公将军，另一弟弟张梁自称人公将军。他们率领 30 多万精壮徒众，焚烧官府，劫掠城邑，打得各州郡措手不及。仅十几天的时间，黄巾起义的消息天下遍及，京师震动。

汉灵帝发现州郡兵打不过黄巾军，而中央军又一直布置在西边与叛羌作战，无法调回。于是，让尚书台重新招兵，选派将官，赴各地督战。在这之前，许多贵族、士大夫曾对灵帝时期的宦官乱政不满，结果与宦官发生党争。后在宦官怂恿下，这些名族、士大夫都被皇帝处置或罢官回家，史称"党锢之祸"。正巧，黄巾起义开始，这些名族、士大夫发现有机可乘，以袁绍为首的一批人便召集边让、曹操等人，为朝廷效力。汉灵帝见大势所趋，只好下诏废除对名族、士大夫禁锢令。袁绍当即从平民恢复官职，并到大将军何进府上任职。在上任前，他笑眯眯地对曹操说："袁氏复兴，张角之力也。"

曹操又何尝不想利用这次机会呢？他借张角作乱，努力获取政治资本。于是曹操上书，自陈愿意请缨。汉灵帝问他："议郎可以为将？"

曹操说："一命之士，报国之秋也，君忧臣辱，不知其他。"

于是诏命曹操为骑都尉，即作为机动预备部队长官，在洛阳待命。从此，曹操开始了自己的武官生涯，这年他29岁。

随后，汉灵帝又叫三公府和尚书台分别推荐其他适合的将官人选。

三公就是司徒、司空、太尉，是朝廷级别最高的官员，各自开府。但从前汉武帝嫌三公权力大不听自己的，就在皇宫中又组建了隶属皇帝私人的秘书处，后升级为尚书台，掌握着国家行政权力。尚书台最大的官是尚书令，下面分设六曹，每曹各有职能，又各设一个尚书统领。而三公府只保存了名义上的最高地位。

于是，一个叫皇甫嵩的人出现了。此人喜读诗书，同时善武略，时为凉州北地郡太守。由于才能超群被三公府举荐，招到朝廷拜为左中郎将。还有一个叫朱儁的谏议大夫，自小就愿意跟人分享，好义轻财，为乡人所重。此时他也被举荐，拜为右中郎将，协助皇甫嵩，奉诏带领中原部分郡兵与新募精兵，合计4万多人，对中原黄巾军展开攻势。

第二章

官军大破黄巾军

这一章是讲皇甫嵩、董卓、孙坚、曹操等人是如何在官场上打翻身仗的。

在出征之前，左中郎将皇甫嵩向汉灵帝提议："请陛下把禁中藏的私房钱都拿出来，再把西园里养的马也奉献出来，我们只有拿到钱才能招募精壮勇士，有好马才好打仗。"

汉灵帝的私房钱是怎么来的呢？原来都是通过明码标价卖官鬻爵攒起来的。4年前，他设立了西邸，专门负责卖官，关内侯、虎贲、羽林郎等官衔都标价出售。2000石俸禄的官是 2000 万钱，400 石俸禄的官是 400 万钱。不过，三公九卿不公开卖，因为这官位太高，只能私下找买主。后来不断涨价，三公的位置最高卖到了 1 亿钱。

由于这些钱本来就来路不正，汉灵帝只好忍痛答应。于是，皇甫嵩和朱儁拿着钱招募了 4 万多人后，便出征讨代中原黄巾军去了。

接着，右中郎将朱儁又上表举荐孙坚做自己的佐军司马。

孙坚是扬州吴郡人，年少时在县里做了个小吏。17岁时，跟父亲一起坐船沿富春江往钱塘江去，正巧看见一帮强盗抢了商人的东西后在岸上分赃。而岸上的旅客和河里的船只，都停住不敢往前走了。孙坚说："这些贼可以打败，我去打。"他爸爸说："这不是你能对付得了的，还是少管闲事吧。"孙坚不听，一人操刀上岸，只见他用手东西乱指，好像在指挥不少人从各个方向夹击这群海盗似的，结果吓得海盗扔下财物就跑。意料之外的是，孙坚竟然还撒腿猛追，砍了一个人头回来。从此，孙坚名声大噪，吴郡地方长官立即召他做了个见习尉官。随后，会稽郡有民众叛乱，领头的自称皇帝，聚众数万。孙坚招募了 1000 多精兵，跟着州郡兵一起去讨贼，将叛乱者打败。因而立了功，被升为盐渎县丞（民事副县长）。几年后又转为下邳县丞。

右中郎将朱儁是会稽郡人，而且对吴郡孙坚十分敬佩，便上表朝廷请孙坚做自己的佐军司马。孙坚打算去，他老家的少年们听了也都要一起去。于是，孙坚带着这些少年以及筹钱招募的精兵，一共 1000 多人，来在朱儁的军中。

左中郎将皇甫嵩和右中郎将朱儁，在中原豫州颍川郡与黄巾军的大方渠帅波才交战。朱儁首战大败，皇甫嵩见状只得退保长社城。波才则立刻带着数万黄巾把长社城团团围住。

皇甫嵩心想，现在形势不是跟当年田单被围即墨一样的吗？于是他对将士说："当年即墨城里比我们人还少，才 5000 人，使用火牛阵反败为胜了。所以兵不在多，而在于精。现在城外这些贼，都把营寨结在枯草旁，你们趁着月色去放火，贼军必然大惊。然后我带兵冲杀出去，那么当年田单的功业今天就可以复见了。"

这天晚上，呼呼地刮起了大风，皇甫嵩的士兵身背浇了动物油脂的柴草，从黄巾军的营屯间隙穿插出去，然后跑到野草茂盛处放火猛烧。皇甫嵩也在城头燃起烈火，军士则把战鼓敲得山响，仿佛千万军马。黄巾军惊惶失措，波才喊破了喉咙，才约束着徒众勉强支撑，但颓势已现。

皇甫嵩打了这一胜仗之后，刚好汉灵帝又派来精锐骑兵。领头的一员儒将，跳下马来，身量不高，其貌不扬。虽威仪不足，但神姿英发。没错，这位正是骑都尉曹操。

汉灵帝拜议郎曹操为骑都尉后，曹操便马上带着大队骑兵，来到长社城。听说皇甫嵩已经扭转局面，胜了一场，于是又合并逃走的朱儁败军，三军一处，再次进攻波才。波才刚刚被烧了一通，军心已乱，于是被三人大破之，斩首数万级。皇甫嵩级别最高，功劳也最大，被朝廷嘉奖晋爵为乡侯——侯有食邑。

皇甫嵩乘胜出击，从颍川郡进击汝南郡、陈国的黄巾军。朱儁则往南进南阳郡宛城，宛城内有黄巾军十几万，朱儁连攻 3 月不得下。朱儁急了，便开始急攻，结果佐军司马孙坚首先登上城墙，后面的士兵受到鼓舞，也都爬上来了，城遂破。因为此功，孙坚升为别部司马。

皇甫嵩则向北打到了中原北部的东郡，基本平定了中原地区的黄巾军。与此同时，冀州官军讨伐黄巾的形势仍很糟糕。

于是，皇甫嵩又奉诏北上渡过黄河，在冀州的巨鹿郡广宗城与张梁接战。张梁的徒众们非常勇猛，皇甫嵩与其打了一日不能取胜，第二天只能闭营休战，张梁以为官军怯懦，于是放松了守备。次日凌晨鸡鸣，皇甫嵩挥大军突然猛攻张梁，一直打到吃晚饭的时候，终于阵斩张梁，并斩首 3 万。余下的黄巾军都被逼得往黄河跑，结果又淹死 5 万多。

这时候，张角已经病死。皇甫嵩进城，把张角的坟挖开，砍下张角的脑袋，传送京师。

随后，皇甫嵩又与张宝大战，阵斩张宝，斩首十余万。

张氏三兄弟领导的轰轰烈烈的黄巾大起义，仅仅维持了 9 个多月，就被官军镇压下去了。这是因为名族、豪强为了自身利益积极帮助朝廷；而从前的秦王朝则不同，因为朝廷严苛，伤及豪强和官吏，于是豪强、官吏、小民皆反，就不可收拾了。

汉灵帝论功行赏之时，皇甫嵩功劳最大，被晋升为左车骑将军、冀州牧，封槐里侯，食槐里、美阳两县合计 8000 户食邑。当时，官和爵不一样。官有权，爵有利。侯，是一种爵位，不是官。他的官位是左车骑将军和冀州牧，即要在朝廷或冀州上班。而作为侯，他的封邑合计8000 户居民交给国家的租税，由国家收取后，再转给他。但侯对封邑上的民众没有行政权，县长有。这也是避免像春秋时代那样搞分封，导致君权削弱吧。

总之，官、爵分离是战国、秦汉时代的传统。其中，侯分为县侯、乡侯、亭侯。侯对所封食邑，没有行政权，只有经济权。但封邑和爵位可以世袭。

槐里侯、左车骑将军皇甫嵩，食槐里、美阳两县合计 8000 户食邑。这显然是县侯了。

皇甫嵩得到两县 8000 户食邑，在当时这种封赏得到的俸禄简直是天文数字。宦官张让看他发达了，就跑过来敲诈，跟他讨要 5000 万钱，皇甫嵩则坚决不给。

公元 184 年冬季，凉州北地郡羌人作乱，拥护北宫伯玉、李文侯为首领，后来北宫伯玉又找来两个金城郡的汉人——边章、韩遂当大将，一起攻下了凉州的金城郡。

下一年，也就是公元 185 年，北宫伯玉等人的军队越过陇山，进入陕西关中。他们以讨宦官为名，开始在关中西部折腾。汉灵帝当即派左车骑将军皇甫嵩和中郎将董卓，去征讨北宫伯玉等人。

董卓这人，生于凉州临洮，性情暴躁，膂力过人，但是颇有谋略。他曾在州府当兵马掾小吏，负责边境巡逻。立有军功，渐升为司隶州河东郡的太守。汉灵帝看他是个人才，就升他为中郎将，跟随皇甫嵩一起出征。结果却连战无功，大败而还。

宦官张让一看，这个以前被敲诈的对象，现在无功而还了，当即向皇帝献谗言："皇甫嵩连战无功，令国库耗资巨大，很不称职。"汉灵帝一生气，就撤了皇甫嵩左车骑将军的官，把 8000 户食邑削掉 6000 户。

汉灵帝又以司空张温为车骑将军，带着十几万人屯驻长安，预备西进。张温上表请朱儁的别部司马孙坚做参军（参谋），同时还把董卓从中郎将升为破虏将军。而董卓却姗姗来迟，张温责备他，他回答起来竟颇是嚣张，不肯认错。

孙坚当即对张温耳语："这人迟到了还如此嚣张，应该以延误军机之罪杀了他，从而立威！"

张温吓了一跳，不肯，更不敢。孙坚又劝解。张温说："你先出去吧，别被他察觉了。"孙坚只能恨恨走开。

随即，大军到美阳，与北宫伯玉、边章、韩遂等交战，屡战不胜。其中，在美阳亭北，孙坚带着1000名步骑兵和羌人交战，结果被杀得大败。孙坚几乎死在乱军中，就连印绶都撤下来扔了。当然，这跟他带的兵是一群乌合之众有关。随后的一天，有流星雨降下。凉州人迷信，觉得这是不祥的预兆，便撤兵回凉州金城郡。趁着敌人撤退，官军追杀上去，大破之，斩首数千。

张温高兴了，要荡寇将军周慎带着参军孙坚去追赶边章、韩遂等人，深入金城郡。这种深入陇右的做法其实相当危险。董卓便劝张温："我带兵，给他们做后援吧。"

张温不听。

董卓只好向皇上上表分析形势，说周慎肯定打不下金城郡。还没等到朝廷回复，张温便派董卓出陇山，攻击凉州北地郡的羌人，以为可以一举平定。董卓知此事不可为，但又无可奈何，只得前去。

另一边，周慎带着孙坚入陇，到了凉州金城郡。孙坚进言道："他们在城中没粮食，需要从外面转运。我想带着1万人先到城前叫战，你带两万人做后援。贼军怕你的后援大兵，必然不敢出来跟我交战，我就可以在城外断了他的粮道。待他们无粮，必定退回北地郡的羌人老家。到时候我们再合力攻打北地的羌人聚集地，最终凉州定可平定。"

周慎这人虽名字叫慎，行为却不慎重。他不仅不听，还直接自己带着主力3万人去围攻金城郡榆中城，并攻破城墙。他正高兴地给张温写报告，说旦夕之间就能拿下金城，结果边章、韩遂分军屯驻葵园峡，反断了周慎的粮道。没有食物，周慎的兵差点儿哗变。周慎恐惧，只好弃了辎重，急忙退回了。

而董卓带着的3万人不仅被羌人围困，连粮食也没了，最后使用计谋决开了附近的堤堰，才带兵逃了回来。

当时，6支军队过陇山去讨凉州，5支都败退回来了，只有董卓全军而还。于是，皇帝封董卓为鳌乡侯，封邑1000户。大军回到陕西，孙坚被提拔为议郎。经过这次出征，孙坚和董卓互相了解了对方的军事才能，孙坚只恨没能杀掉董卓，董卓却对孙坚惺惺相惜。这时，荆州长沙郡有民众1万多人判乱，围攻城邑，朝廷就派议郎孙坚为长沙郡守，旬月之间镇压叛民。

与此同时，韩遂杀了北宫伯玉和边章，与新造反的凉州人马腾合作。韩遂、马腾结拜为异姓兄弟，继续在凉州的陇西郡、汉阳郡盘踞，一时无话。

彼时的曹操因为参与平定黄巾有功，已被升为青州济南国的相。那时，济南国下面有十几个县。

曹操到任上一看，这十几个县的县令都贪污腐败，更是阿谀奉承朝廷贵戚和宦官的好手，搞得前任济南国相也不敢管。曹操当即上表州里和朝廷，罢免了其中8人。于是境内秩序井然，奸人纷纷逃窜他处。当时，济南国人还喜欢立庙祭祀，人们为了纪念先贤，共修了数百个庙，非常奢侈。曹操则喜欢节俭，把这些庙都拆了。但是不久，曹操被那些被处理的县长、豪杰寻机报复，就请求回洛阳做回议郎。随后，他告了长期病假，回老家谯县休养。

曹操回到老家后，在城外弄了个屋子，整天读书闲居，以此避祸。不过，没多久，他又被汉灵帝起用了。

第三章

刘、关、张——来自底层人士的呐喊

这一章是讲刘备、关羽、张飞等人如何拼尽全力打翻身仗的。

我们先来说说刘备。刘备家在冀州涿郡涿县，不喜读书，也不爱说话，常居人之下，喜怒不形于色，而好结交豪侠。这人生得身长七尺五寸（180厘米），西汉景帝之子中山靖王刘胜的后人。

说起来，汉朝的郡县制，一直掺杂分封制，皇帝儿子不断封为诸侯王，其王国与郡平级（下面都是县，郡国之上是州）。长子袭封诸侯王之位，其他儿子都降级封侯。

刘胜的120多个儿子里，有个刘贞，因为不是长子，就封了侯。刘贞是被封为幽州的涿县陆城亭侯，食该陆城亭大约几百民户的租税。

陆城亭侯刘贞，吃了一些年的租税，朝廷以他给皇上送来助祭的金子成色不足为由，免掉了侯爵。从此刘贞不再是高高在上者，成为一名庶民。即便如此，他家还是涿县的大家族。300年后，传到了刘备的爷爷刘雄，被举为孝廉，当过县令。到了刘备的父亲刘弘这辈，也曾在州郡里当官。可是到了刘备这辈，就没官有做了，而是跟他母亲一起卖鞋子、织席。

刘胜虽然子孙众多，但到第六代的时候，就没有后嗣继承了，朝廷便把他的封国给废掉了。

后来刘秀创立了东汉，把自己的儿子封到中山这个地方当中山王。

由此可见，刘备乃是前朝的王侯后裔，而并非本朝东汉王朝的王侯后裔。虽然是侯的后裔，但是那位侯——刘贞，只做了半辈子的侯，就被削为平民了。此后300年刘备才出生。可想而知，刘备身上的贵族血统实在微乎其微到几乎可以忽略不计。

刘备家不是很穷，主要表现在他家有个大院子，院子东南角的篱上有桑树高五丈多（约 11 米），遥望童童如小车盖，往来的人都说这家会出贵人。刘备因为祖上阔气过，所以跟宗族中的小儿玩过家家时，刘备曾指着童童如盖的桑树，很有气魄地说："我长大了必当乘坐着这样的羽盖华车。"意思是他将来要称王称帝。刘备父亲死得早，缺乏教育，当听到刘备的话后，他叔叔赶紧过来说他："你别胡说啊。你这么乱说，是灭门的罪，连着我们这一支都要倒霉！"

刘备 15 岁的时候，刘备的母亲便送他出去读书，老师就是同县的卢植。卢植是北方大儒，"经学"研究得头头是道。刘备的母亲觉得三线城市子弟唯一的出路是上贵族学校，于是刘备便去卢植那里读书——相信费用肯定不低。刘备的母亲确实没什么钱，所以同宗族的刘元起常常资助他，让他吃的、用的跟自己亲儿子刘德然一样。刘元起的媳妇不愿意了，说：你怎么胳膊肘往外拐啊？刘元起解释道："我们宗族里边，就数他非常人也。"

在刘备的班上，还有一位大哥叫公孙瓒。此人跟刘备关系最好，后来还成了一方豪强。刘备在读书期间，不爱读书，只喜犬马、音乐、美服，典型一个浪荡子形象。刘备花了不少的学费跟着名儒学习，但他这个学习态度，让卢植不太满意。

刘备不爱读书，喜欢什么呢？据说，他专好交结豪侠，涿县少年争附之。

涿县（今保定）往南不远是冀州的中山国（今石家庄）。中山有几个家累千金的大商人，经常贩马周旋至涿县。听说刘备的名气，有机会一见，都被他的气质和行事折服，甘愿掏出钱财资助他——商人懂投资。有了这些钱财，刘备于是招集徒众，他也成了地方年轻人中的一面旗帜。

在他的旗帜下，有两个呱呱叫的人物。一个是解县人，解县属于司隶州河东郡，位置在今天山西省的西南角，黄河向中原大拐弯处。此人姓关名羽，字云长，身高不详。因为亡命江湖，来到刘备这里。

很多人都有疑问，关羽的亡命是不是杀人？其实根本没这回事。当时的人都有户籍，供国家征税用的。如果你脱离户籍逃跑了，这个人就没了，就叫亡了。户籍也叫名籍，所以这种亡走的人便被叫作亡命。所以，关羽"亡命"不是真的亡命之徒，并非指杀人。关羽因为什么亡命奔涿郡，我们不知道。如果关羽因为在老家惹了事，于是亡走，是有可能的；出于志向远大而亡走，也是可能的；或者不愿意服徭役（力役与赋税），交不起税，于是亡走，也是可能的。

刘备身边还有一个"黑人"，长得豹头环眼，燕颔虎须。他声若巨雷，势如奔马。没错，正是张飞！

而后，便是著名的"三人结拜"。刘备为长兄，关羽其次，张飞为三弟。三人恩若兄弟。

刘备与关、张二人，睡觉在一张床上，吃饭在一张桌上。

刘备本就有一批追随者，因这二人的加入，更扩大了自己的徒众范围。在乡邑里行走，关羽、张飞为之御侮——就像保镖那样给他张势。于是，乡邑里的年轻人都怕刘备，刘备智慧超人，恩威并施，遂拥有了一批数量不详的徒众。

此后，刘备开始组建自己的"队伍"，很快成了当地小有名气的人物。一些富商经常让他们来做保镖，从而也让刘备这个团体积攒了不少资财。刘备认为，只有壮大声势，自己才能被朝廷看重，有所作为。所以，他开始为自己的徒众打造兵器，以壮声势。他特意为关羽打造了枪，张飞打造了矛，自己则打造了两柄剑。相信有人会问了，你把关羽和张飞的武器搞错了吧？其实，东汉时期使用的是炒钢法，无法打造出唐宋才有的青龙偃月刀和丈八蛇矛等，当时战场上使用的武器主要是枪和矛。当然，刘备也没有忘记护具，包括关羽、张飞在内的一些亲随，都获得了皮甲，要害部位更是有犀牛皮防护。

就这样，转眼到了公元187年。本为中山相的张纯谋反了。据说，是因为任命西讨羌族的将军时，没有任命他而选择了公孙瓒。因此，他纠结同郡的张举和乌桓大人丘力居，聚众十万人谋反。张举自称"天子"，张纯自称"弥天将军安定王"，然后传书到各州郡，说要代替汉朝。张纯又使乌桓峭王的 5 万人部队进入青、冀二州，攻破清河、平原二郡，杀害吏卒。正因为这个原因，本来要西去助张温平叛的公孙瓒，便率其麾下的3000 精锐骑兵，改为抵御乌桓叛乱。

公元 188 年，公孙瓒开始与张纯、丘力居率领的乌桓人战斗。最初，公孙瓒与张纯、丘力居等在辽东属国石门大战，张纯等大败。于是，张纯抛下妻儿逃入鲜卑境内。公孙瓒继续追击，由于太深入，反被丘力居围困于辽西管子城 200 余日，士卒死伤大半。但丘力居军也因粮尽，远走柳城。朝廷遂拜公孙瓒为降虏校尉，封都亭侯，兼辽东属国长史。公孙瓒于是统领兵马，守护边境。每次一听到敌人来袭，公孙瓒马上声疾色厉，作战时像是打自己的仇人似的，甚至一直打到深夜。从此，乌桓都害怕公孙瓒的勇猛，不敢再来进犯。公孙瓒常与身边数十个善于骑射的人都骑白马，相互间为左右翼，自号"白马义从"。

刘备听说了这些事，遂与关羽、张飞商量，在地方上虽有名气，但也扑腾不了几下，不如直接去投靠当年的老同学公孙瓒。这一举动，就相当于被朝廷招安，也给兄弟们找个好去处。关羽、张飞二人当即同意。

当时，正与乌桓人鏖战的公孙瓒一见老同学来投奔，立刻表示欢迎。不过，公孙瓒虽热情地收留了他，却没给他多大官职，只将刘备分配到刚刚升任校尉的邹靖手下，让刘备和邹靖一起去追讨乌桓人。

与此同时，皇帝任命刘虞为幽州牧。而刘虞也不负众望，到达幽州州治蓟城后便精简了部队，然后广布恩惠，派遣使者告峭王等人朝廷将宽大处理，可以免除他们犯下的罪责。同时，又悬赏通缉张举、张纯二人。很快，二人身边就没有几个人了。他们只好逃到塞外，而其余的部众也都投降或逃跑了。

公元 189 年，张纯被其门客王政所杀，首级到了刘虞手中。丘力居发现没有继续闹腾的可能了，遂率自己属下的乌桓人投降了。汉灵帝见刘虞与公孙瓒二人平叛功绩卓著，便立刻授予刘虞太尉之职，封容丘侯。公孙瓒则被授予奋武将军，封蓟侯。而且，汉灵帝还特意免除了刘虞的"当官费"。当时官拜三公的人，都要往西园缴纳巨额礼钱，汉灵帝知道刘虞一贯有清廉的名声，再加上平定张纯叛乱有功，便特意免去刘虞的礼钱。当然，刘备作为公孙瓒的属下，也得到了封赏，成为安喜县尉。虽然官职不大，但这是刘备此后崛起的真正起点。

和曹操等人相比，刘备自身资源严重不足，简单说就是起点实在太低。至于本人有没有本事，在那个拼爹的年代，也不是什么要紧的事了。

在这里，我采纳的是《典略》和《英雄记》中的记载。没错，刘备没有打黄巾，他是打张纯才崛起的。有趣的是，在近1000年后司马光主编的《资治通鉴》中，也没有看到刘备打黄巾的事情，书中刘备第一次出场是汉献帝初平二年，也就是公元191年。那一年，刘备成了平原国相，真正走上了仕途之路。比起曹操、袁绍、孙坚、董卓等，他来得太晚了。

第四章

首都洛阳的套路

黄巾起义后 5 年，也就是公元 189 年，汉灵帝快驾崩了。此时，他唯一担心的就是继承人。

这件事的解决方式给天下带来了动荡，也可以说为公孙瓒、刘备这种边境地区的猛将，袁绍、曹操这些被压制的京城士人，带来了机遇。

汉灵帝的媳妇姓何，是南阳郡一个屠户的闺女，身高七尺一寸，合现在 170 厘米，是长腿美女（汉朝一尺约等于现在 0.24 米）。和唐朝女性以胖为美不同，汉朝的女性以瘦为美。入宫后不久生了刘辩，她因此当上了皇后。

后来，汉灵帝又喜欢丰满的王美人了。王美人风姿绰约，祖父是五官中郎将，而且王美人聪明，能写会算，也顺利地给汉灵帝生下了一个高智商的儿子。虽然在生之前，何皇后妒忌得很，多次给王美人下套儿。王美人摄于皇后的淫威，喝下打胎药。可是这个胎儿体质就是好，怎么喝也打不掉，最后只好生了下来，取名刘协——即是未来的汉献帝。

何皇后一生气，把王美人毒死了。

她这么做，是为了保住自己儿子的地位。

汉灵帝一看王美人被毒死了，真是恨死何皇后了。汉灵帝怒喝着要废掉何皇后和她的儿子刘辩，宦官们都来劝汉灵帝："就饶了他们母子一次吧，我们各出 1000 万钱为她求情。"

汉灵帝很宠信宦官，宦官们帮他捞钱还陪着他玩，帮他和那些被指为结党营私的朝臣们搏斗。看看宦官反复求情，汉灵帝就把这事情放过不管了。之后，作了《追德赋》《令仪颂》两篇辞赋来纪念王大美人。

何皇后从此更加感激宦官们。

　　到了公元188年，7岁的刘协已长得聪颖可爱，讨人喜欢。而何皇后生的长子刘辩则举止轻佻，没个正经样。汉灵帝就想改立王美人的孩子刘协当太子。可是何皇后的哥哥何进是大将军，握有兵权。黄巾军起义的时候，大将军何进在城外关口统领五营、羽林，以镇京师。现在要废掉皇后，立小儿子当太子，又怕何进阻挠。于是，汉灵帝就另组建了一支西园御林军，叫宦官小黄门蹇硕当上军校尉，统管八校尉，每个校尉各有一军。接着，让一直赋闲请假的议郎曹操当了典军校尉。有了这支直属军队，汉灵帝就可以跟何进对抗。结果这一扩军行动，反而刺激了西边的凉州叛羌，韩遂带着叛羌又来围攻陈仓，以示抗议。西园御林军的老大蹇硕，就劝汉灵帝让何进带兵讨叛，以消耗何进的兵力。可是何进找借口就是拖着不去。

　　这样拖到下一年四月，汉灵帝比何进先死了。他临死的时候，对蹇硕说："这些年来，朕一直忘不掉屈死的王美人，我一直没有立太子，就是想着她。她为朕生的儿子，是个当皇帝的料，等我百年之后，你为朕实现这一愿望吧。"

　　蹇硕说："大将军何进，是皇后的哥哥，势必会立何皇后的儿子刘辩。所以必须先诛杀何进，才能保证刘协继位啊。"

　　汉灵帝说："你好好策划一下，等我死的时候你就动手。"

　　汉灵帝刚刚驾崩，何进就到嘉德殿来了。当何进正要大步流星地迈进殿门之时，蹇硕早已把刀斧手布置好了。但蹇硕手下有一个叫司马潘隐的人，他与何进是好朋友。他急忙上前走几步，假装迎接何进，同时使劲拿眼睛瞪何进。

　　何进一愣，立刻明白了有危险，掉头就跑。他急奔出宫门，骑上马奔到自己的军营以自保。

　　蹇硕气坏了，心想，煮熟的鸭子竟然飞了。但是没办法，何进不死，他不敢废何皇后。只好让何皇后生的17岁的刘辩继位，国事由何皇后——这时候叫何太后了——掌管。何太后下诏，晋升后将军袁隗为太傅（皇帝的老师），大将军何进与太傅袁隗联手辅政。

自从何进把持朝政后，便一直想干掉蹇硕。何进的门客张津见状，便劝说何进将所有的宦官都杀掉。何进不知如何是好，便开始广泛征集一些名士的意见。

在古代，宦官也是分级别的，普通的宦官是干杂活的，宦官中只有管理者才有权力。平时皇族生活在皇宫中有围墙的专门区域，叫作禁中。禁中之外，皇宫之内，还有很多宫殿，是大臣们来上朝的地方。但无诏不许进禁中，进来也不许带武器——之前何进来嘉德殿，差点被杀了，就是因为摘下了佩剑。宦官中最大的官叫中常侍，职责就是在禁中陪着皇上。中常侍有张让、赵忠等十人，号称"十常侍"。此外，低一级的宦官还有黄门令、中黄门，负责禁中守卫等各项事务；小黄门专门起草诏书。

宦官"十常侍"因为陪侍皇上，易于获得皇帝的信任。他们对皇帝说谁好谁坏，皇上往往偏听偏信。十常侍到了洗沐日（休息日）出皇宫，回到城内的家中休息时，就会有一大帮京师和外地的有钱人堵到他们家门口献金，谁献的黄金多，宦官回去就叫皇上派谁去做朝官或者外地长官。这样，宦官们便织成了一张利益网，同时也是权力网。

但名家大族的人不肯屈就，于是纷纷遭到禁锢。但随着黄巾起义闹将起来，汉灵帝解禁了这批党人，请效力镇反。

士人们苦大仇深地回来了，最迫切的诉求就是打倒宦官，而士人中的代表人物就是袁绍。

袁绍，字本初，河南汝阳郡人，姿态优雅，时任中军校尉。他是司徒袁逢之子，太傅袁隗之侄，四世三公。这里说的中军校尉，就是汉灵帝建立的西园八校尉中的一个官职。东汉末年，袁家门生故吏遍天下。汉朝选拔官吏使用的是察举制和征辟制，后者中有三公府直接从家人中推荐在三公府当府掾的情况，干得好再外派州郡为官——所以三公得以

"门生故吏遍天下"。袁氏四代都有做到三公的，那自然很多州郡长官都是先在袁氏的三公府里当府吏，然后再外放出去的，他们自然是袁家的旧吏，听从袁家的号召。在征辟制下，州郡的府也可以直接从家里推荐人来作府吏，干得好又可以派到下面为官。等于袁氏的故吏，在他们之下又发展出一批间接的故吏。所以天下的官，都跟袁家远近沾边。虽然宦官们的爪牙遍布州郡，但士林派的领袖袁氏家族也在朝廷和州郡拥有大量门生故吏。

两派相争，便需要找帮手。士林派的领袖袁绍，这一日就来找外戚的首脑——大将军何进谈合作了。自从解除党锢以后，何进就辟袁绍为官，所以两人早已相熟。而且之前劝说何进的门客张津，其实和袁绍关系也非常好。只见袁绍说道："常侍、黄门积累好几世，势力太盛，威服海内。从前大将军窦武想诛杀他们，但是他用的是禁军五营兵。这些人都是生长在京师的人，往往畏惧宦官，临阵时，都叛逃归附宦官了，窦武因此自取灭亡。如今大将军以国舅之尊，大将军府又领有劲兵，其部曲将吏更是英雄名士，乐为您尽力，事在掌握，这是上天助你的好时机啊。如今为天下诛除宦官，功勋显著，垂名后世，即便周朝的申伯，也不能与您相比。另外，现在先帝殡殓在前殿，将军可以凭诏书领兵守卫，最好不要进宫。"

袁绍鼓动何进干掉宦官，大约除了天下为公，还有图谋自己的官阶晋升之意吧。

何进身为外戚，自然跟宦官有权力之争，看到士林派的袁绍愿意与自己合作，于是一拍即合。同时，何进又广征智谋之士逢纪、何颙、荀攸、王允等人，授予官职，跟他们合议谋划。

这时候，宦官蹇硕仍想杀掉何进，然后立王美人的儿子刘协当皇帝。于是，他就给"十常侍"中的赵忠、宋典写信："大将军秉国权威，想跟天下党人共诛我们宦官。因为我掌管西园御林军，方才未敢轻举妄动。我看他们的意思，一定是先杀我，然后就是你们。如今我想除掉何进，以辅佐公家。"

赵忠、宋典见到蹇硕的信，连忙找其他人商议。郭胜与何进是同郡人，而且与何进关系密切，所以他建议不如出卖蹇硕，换得何进对其他宦官的信任。他俩也觉得蹇硕虽然能干事、有策略，但这事要干起来，成败未可知。

于是，赵忠、宋典两人便将蹇硕的密信给了何进。

何进一看，当即给十常侍们写信，劝诱他们帮自己诛杀蹇硕。

十常侍中有人就说："蹇硕，先帝所任命，不可诛。"

十常侍中排在老四的郭胜，与何进是老乡，何太后能够得到汉灵帝宠幸，便是得到了他的帮助。因此何太后厚报他，他也跟何家关系好。另外，何进当初家穷，郭胜把他当自家孩子抚养，于是说："何进，是我所成就的，岂能变心？还是听他的吧。"

于是，十常侍命黄门令在禁中收捕了蹇硕，下狱诛杀了。蹇硕的兵也都归了何进。

宦官们也松了口气，觉得可以跟何进结为联盟。

这时，袁绍又跑来说："大将军，从前窦武想诛杀宦官，却反而被杀，只因言语泄漏。那时卫营士兵都惧怕宦官，而窦氏利用他们，就是自取灭亡。但今天您已贵为国舅，手握劲兵。您的弟弟车骑将军何苗勇武非常，您的部将更是英俊名士。您发出虎威，挥舞精兵，干脆尽诛阉竖，为天下除患，名垂后世。到时候，就是周朝的申伯，比您又何足道哉！"

何进觉得这样也挺好，于是暗中进宫去找妹妹何太后。

何太后这时已掌握名义上的朝廷最高权力，但她对何进的请求大摇其头，说道："如果没了宦官，谁在禁中侍奉我们呢？"

何进说："前汉时候在禁中做常侍的，不仅有宦官，还有士人。比如那晁错就是士人，他也在禁中做景帝的常侍。只是到了本朝光武帝以后，才改成宦官的。我们的想法，最好遴选些贤良人士，到禁中做常侍，同时把宦官都除去。"

何太后声调立刻高了起来："宦官们统领禁中，我们汉家一直是这样。而且先帝刚死，我怎么能跟一班士人对面共事呢？"

她意思是，因为她是寡妇，见男人不方便，而跟宦官们一起，没嫌疑。

这当然只是表面借口。实际上，何太后当初是十常侍中的郭胜作为南阳老乡把她介绍入宫的，否则她现在还在家里看着爹杀猪呢。另外，何太后当初毒死王美人，险些被废，是宦官们为她求情，才保住她的地位。心存感激的她，不愿意跟宦官们动手。她回复何进说，不许胡闹。

何进听了，也犹豫了。宦官们多身为列侯，有的在宫中数十年，侍奉过多个皇帝，父子兄弟宾客爪牙早已遍布州郡，树大根深。而自己5年前才当上大将军，上台日浅，威信有限，还真不敢硬碰硬。而且妹妹不支持他，何进踌躇再三，不能决断。

见何进又没了动静，袁绍于是又跑来催促他说："大将军，怎么样了？"

"太后不同意啊。我看太后的意思，最多是杀几个最放纵的宦官。我觉得，宦官中也有好人啊，只杀其中几个最坏的就行了。"

"还是得都杀了！"袁绍说，"你家身为外戚，跟宦官势同水火，咱们汉家历朝皆是如此。太后是女子，不便于上朝，只能待在禁中，士人无诏不得进入禁中，所以太后身边就只能被宦官围着。虽然杀了几个坏的，日子久了，余下的还是会迷惑太后，太后有什么国事仍会跟他们商量。如此久了，宦官们就将手握大权，内外号令皆出于他们，我们还是难逃宦官的毒害。现在不尽诛之，后必成大患。"

"可是我们也不能忤逆太后啊。"何进说。

袁绍说："我有一个办法。您可以多召集四方猛将、州郡豪杰，让他们带兵来京城，这样用天下兵马向太后表达诛除宦官的众意，就可以胁迫太后同意您尽诛宦官了。"

何进说："这个主意好！"不由得拍手叫起好来。

西园八校尉中的典军校尉曹操，听到袁绍这个馊主意之后，笑道："宦官这种官，确实是应该设的，只是皇帝们给了他们权力，才使他们嚣张如此。既然要治他们的罪，那么就当诛杀他们中的首恶之人。这件事一个狱吏就能办到，何必召集外州诸将来呢？袁绍想把他们都杀光，这么庞大的计划，势必泄露，我看他必败。"

但是曹操没有把这个想法对袁绍讲。曹操是半宦官家族出身，一直追随袁绍的士林人士，本来就会因为出身而让袁绍怀疑，现在再说这种话，只会加深袁绍的疑虑。

于是，何进命主簿陈琳起草密信，发给外州猛将们。

随着密信向四方发出，洛阳的天色黯淡下来了。

第五章

霸道军阀成长记

公元189年，从六月到七月，一直下着雨。董卓正领着3000步骑兵，奉大将军何进密召，开赴洛阳。他的手下，有李傕、郭汜、张济、樊稠四员猛将。

董卓实为一个大军阀。汉灵帝去世前，曾令董卓担任并州牧，同时将军马交给皇甫嵩。董卓不愿失去兵权，上书说自己想在并州继续为国家效力。其实，这时他预料到京城马上会有变故，只有握有兵权才能说得上话。于是，他宁愿冒着违抗圣命的风险去赌一把。而今，真让他赌对了。

并州刺史丁原，带着一名叫吕布的主簿——能做主簿，说明历史上吕布是文武皆通的——先他一步抵达洛阳郊外。丁原火烧孟津，火光照亮了洛阳城的天空。

何太后也看见这火光了，问："这怎么回事，有贼作乱？"

"是州郡猛将、太守发兵直指洛阳，口口声声要求诛杀宦官，扫清我辈的。这里还有他们的上表，都是颠倒黑白之言，求太后为我等做主。"

何太后性子很强，从前当贵人的时候，后宫的人无不被她震慑。前两个月，她的婆婆——汉灵帝的老妈太皇太后董氏也想参政。为大权独揽，何太后把董氏迁出永乐宫，并叫她离开洛阳，直接把董太皇太后气死。

这样倔脾气的何太后，当然不会对一伙哗变的军人低头。她说道："州郡兵谋反，自当击之，你们都不要怕。"

何进见太后不屈服，觉得继续跟宦官对着干的话，一旦失败，便会覆水难收，便又狐疑起来。他派出使者，到半道拦截董卓等人，让他们就地驻扎。

袁绍一看，知道何进要变卦，赶紧跑来胁迫："如今和宦官的交手之势已成，形势已露，将军为什么不早决断下手？迟则生变，失机祸来。"

何进骑虎难下，只得依了袁绍，加封袁绍为司隶校尉（京师洛阳所在的司隶州州长），同时假皇帝之节（类似尚方宝剑），专断军事；命令辟来的大将军府从事中郎王允为河南尹（司隶州的河南郡的郡守，河南郡地含洛阳等 20 个县）。这时，袁绍因为有了"专命击断"的军权，于是催促董卓一军顺着驰道快速前进，抵达洛阳郊外平乐观，做出攻击态势，上表要求杀宦官。何太后这才害怕了，但是她还是不肯杀宦官，只是把中常侍和小黄门都罢了官，让他们回到自己在城里的家里去。

让宦官们离开禁中，算是罢免了宦官，也许可以化解城外危机。作为太后，这已经算作出让步了。

十常侍、小黄门出来了。他们发现即便住在自己家里，也是一夕三惊。既然藏着不是办法，还不如跑到何进的大将军府去谢罪。谢罪其实也是求助，因为这些州郡兵，按道理都得听大将军的。

在大将军府中，宦官们趴在地上，以头抢地，哀求乞活。何进说："天下汹汹，正是因你们而起。我是管不了了。如今董卓马上就快到了，到了之后，你们的性命如何就难说了。你们何不早回自己的封国去。"

十常侍都被封了侯，东汉时期侯及侯以上爵位皆有封国。侯国跟县平级，但只有经济权。

宦官们感恩不尽，擦干眼泪，拜谢出去。袁绍闻讯，赶紧跑来，说："大将军，如今这些宦官们好比案板上的鱼肉。您一句吩咐，我们今夜就能杀光他们。您快下命令吧。"

何进说："不行啊，太后不愿意杀宦官的。我也觉得只要驱逐他们就好了。"

袁绍宝剑入鞘，气呼呼走了。

转眼两个月过去了，正如曹操所料，何进原本要除掉宦官的消息不知通过什么途径走漏了风声。宦官们如梦方醒，于是宦官都赶紧跑回宫里寻求庇护。何太后心一软，把他们留下了。

何进看宦官们没听自己的命令返回封国，而是跑回宫里，知道宦官们怀疑自己了。何进已然骑虎难下，就又开始偏向于杀宦官。他进宫去找太后，要求诛杀所有十常侍等宦官。

张让连忙让小宦官去偷听。小宦官在旁边偷听后，连忙跑回来汇报。十常侍张让、段珪这帮人听了这消息，好比惊弓之鸟，想来想去，都说："实际上，猛将兵临洛阳，都是何进招来的。如今何进凶相毕露，我们必须先发制人，只有杀了何进，才能化解这次凶险。"

数十名宦官都尖着嗓子附和。于是，张让带着常侍段珪、毕岚等数十人，手持兵器，钻进嘉德殿，埋伏下来。等何进走了之后，就叫小黄门伪造太后诏书，召何进入宫议事。

何进刚从宫里出来，没进家门便见有尚书拿着诏书追来。接了一看，是太后叫他再回宫议事的。何进很高兴，以为有了转机，就糊里糊涂地回皇宫去了。到了禁中门口，出示了诏书，摘了兵器，独自进去，登上嘉德殿，准备进去跟何太后再商量杀宦官的事。进来一看，没有何太后，只有张让等一班人瞪着血红的眼珠子等着他。

张让厉声斥责何进道："现在天下乱得一团糟，不单是我们宦官的责任。先帝曾经为了王美人被毒死的事，要废了凶手你妹妹何太后。都是我们这帮人哭着哀求劝解，每人拿出了家财上千万作礼，送给先帝，让先帝息怒的。我们为什么非得帮你们何家？还不就是指望你们秉政以后，能给我们以依靠，罩着我们吗？可是，大将军竟然要阴谋杀光我们，这是不是也太过分了？你对太后说我们宦官都赃贿狼藉。可是，朝臣中公卿以下有哪一个是忠贞清廉的？他们个个不都是贪官！"

何进一下子没词了。宦官说的没错，宦官收受贿赂，派人到州郡当官，那些人固然是鱼肉百姓，但名族士林中征辟任命的那些官员，哪一个不是贪官？因此闹出黄巾这样的事，不能单由宦官背责。

宦官渠穆拔出宝剑，不由分说，朝着何进就刺。何进掉头便跑。他虽逃出了嘉德殿，但仍被渠穆追上并一剑刺死。

张让、段珪谋划下一步，赶紧重新夺回京畿地区的军权，叫小黄门草拟诏书："任命故太尉樊陵做司隶校尉，少府许相为河南尹。免去袁绍司隶校尉职位，免去王允河南尹职位。"不用说，这两个人都是因亲宦官才被任命的。河南尹是洛阳及周边20多个县合起来的河南郡的长官。把司隶校尉和河南尹这两个职位拿到手，京城内外的军政权就全有了。

小黄门持着诏书，送到尚书台。尚书看了，感到奇怪，就跑到禁中门口叫问："这份诏书是怎么回事，为什么要任命他们俩，不是袁绍做司隶校尉吗？大将军和太傅共录尚书事，请大将军出来我们请示一下。刚才大将军不是奉诏进去了吗？"

守卫禁中的宦官头——中黄门，当即喊道："何进谋反，我们已经奉诏把他诛杀啦！快去下诏，不要啰唆！"

尚书大惊失色，赶紧掉头出去通报消息。

皇宫南门口，何进的亲兵卫队还等着呢。见尚书出来，立刻问究竟出了什么事。尚书说，大将军已经被宦官杀了。何进的部将不干了，何进素来待属下将士宽仁，他的部将吴匡、张璋都是忠于何进的，立刻带着亲兵卫队冲击皇宫门。当时负责守卫皇宫门和内部各殿宇的是虎贲，而袁绍的堂弟袁术少好行侠，事先已被袁绍有意安排成了虎贲中郎将，负责统领虎贲。于是他们也不阻挡吴匡的兵，任凭其进出。吴匡的将卒冲进皇宫南门后，掠过崇德殿——这是大臣朝会的地方，经过鸿德门、明光殿，经过明光殿往北，到了嘉德殿。嘉德殿是何太后住的地方，外有宫墙和大门，属于禁中，此时禁中大门已经关上了。

吴匡、张璋的兵立即开始进攻禁中大门。袁术带着虎贲军，也跑到禁中大门前一起攻击。中黄门则将宦官们都武装起来，挥戟迎战，誓死保卫禁中。这时已是日暮，袁术见门劈不开——这门叫九龙门，因门前有三根铜柱，每根柱子又有三龙盘绕而得名，异常坚固——于是袁术就扔下斧子，在九龙门外放起火来，想将张让等人逼出来。接着，他又命人去烧东宫、西宫，也就是皇帝、皇后住的宫殿，然后又去攻尚书台。

在嘉德殿内的张让赶紧跑到后面找何太后，自称大将军何进等人谋反，正在焚烧宫殿，然后拉着何太后和皇帝刘辩，以及王美人的儿子刘协，沿着阁道（架设在空中的连接南宫与北宫的封闭性通道），从所在的南宫区往北宫区跑。北宫区也有宫墙，在两个宫区之间，通过空中阁道相连接。阁道有三条，中间只供皇上走，阁道两头，连接着南宫的北门和北宫的南门。

尚书卢植是个高个子，身高八尺。这时候，他手持单戈，也跑来了，吓退了挟持何太后的中常侍宦官段珪。何太后被救下后。余者顺着阁道继续跑。跑到北宫，进入北宫最大的德阳殿（可以坐 1 万人，台阶高两丈）躲藏起来，等着他们任命的司隶校尉樊陵和河南尹许相带兵来救。

可是，那两人却很倒霉。袁绍伪造了诏书，杀了樊陵、许相。与此同时，吴匡等人因为怨恨何进的弟弟何苗平时不与何进同心，并认为其与宦官串通，于是在军中下令："杀死大将军的是车骑将军何苗，你们能为大将军报仇吗？"官兵们齐说："愿意！"何苗逐被乱军所杀。他的尸体也被扔到了宫苑中。他的军队则被吴匡、董旻等人接收。然后，袁绍才带着自己的兵，来攻打皇宫。

到达那里一看，吴匡、董旻等人已经先冲进北宫门去了。袁绍进来之后，嚷嚷道："关上宫门，不论大小宦官，一律诛杀！"很快，2000 多名宦官死于刀下。

张让、段珪等数十个宦官，在北宫德阳殿里，久等樊陵不来，就想着逃跑。他们胁着皇帝刘辩和王美人的儿子刘协俩小孩——一个 14 岁，另一个 9 岁，出德阳殿，从东北角一个出货的宫门——谷门，钻出宫墙，仓皇逃出宫外，并往小平津渡口跑。尚书卢植是刚烈之人，一个人骑着马在后面追。河南尹王允派属下一个文官闵贡跟在后面追。卢植不小心跑迷路了，反而令闵贡一马当先，把这帮没船的宦官给逼到了河边。闵贡挥动宝剑，手刃数人，其他人吓坏了，纷纷往河里跳。

张让、段珪等人都哭了，悲恸着对皇帝刘辩说："臣等今日全完了。臣等一死，天下也将大乱！陛下好自珍重吧！"说完，哭着相率投河而死。

闵贡把皇帝刘辩和刘协两人扶上自己的马，然后牵着马往回走。当时夜色已黑，星斗满天，他们只能借着萤火虫的点点微光前行。看着实在不能走了，就找了个馆驿住下。

次日，公卿百官都在北邙山下找皇帝。不久，终于见皇帝独乘一匹马，闵贡抱着刘协乘另一匹马，自山坡下来了。公卿百官赶紧接住，一场惊心动魄的闹剧才算结束。闵贡因救驾有功，被封为都亭侯。幸亏有闵贡在，倘使宦官跑出洛阳，到州郡，手上还把持着皇帝，难免又是一场内战。

公卿百官刚走不多远，就见前面尘土蔽日，原来是前将军董卓率领3000步骑兵赶到。之前，董卓到显阳苑，看到火光冲天，知道出了事，便率轻骑急进。到了北邙阪下，终于看到了皇帝和大臣一行。只见在前头开道的故太尉崔烈大声断喝："这是何人，惊扰圣驾，还不避开！"

董卓一马冲到队前，厉声大骂："董卓在此！我昼夜连续行进300里奔驰而来，避什么避！你是什么东西？"

按理说太尉是国防部部长，董卓的大大上司，怎么可能对董卓这个下属忍气吞声？现在竟然被骂了，却一句话也说不出来。董卓催马冲到皇帝刘辩马头，下马施礼说："我是前将军董卓！陛下纵容宦官作乱，宦官如今全死了，陛下有负于宦官也够大的啦！"把皇帝都骂了。意思是皇帝不称职，纵容宦官而害死了宦官，要对宦官的死负责。

董卓又问事情的经过，皇帝刘辩已经战战兢兢地吓哭了，不能说话。

然后，董卓又来到刘协马前，说："我是董卓。来，我抱着你！"不由分说，从闵贡怀里夺来陈留王刘协，抱上马，朝洛阳而行。

这董卓在路上一路抱着9岁的小孩刘协。当时刘协已被封为陈留王。董卓问说："昨天是怎么个情况啊？"刘协就把事情的原由、经过详细地讲了，其中还加了好多生动的象声词。董卓大喜，心想这个王美人的儿子比皇帝聪颖多了，而且他还是同族的董太后培养的，于是便有了废皇帝的想法。

百官快到洛阳城门时，有公卿来到董卓的马前，说："皇上刚才下诏，说叫士兵后退，不得进城。"

董卓喝道："你们这些大臣，不能匡正国家，闹成这样乱，还退什么退！"

公卿没办法，由着董卓带着兵进了洛阳。

第六章

硬上位的后果

说起来，董卓带兵并不多，只有 3000 多步骑兵。但是，董卓这人异常狡猾，每隔四五天，就夜里派遣一部分骑兵从 4 个城门偷偷出去，第二天再旌旗招展地敲着鼓进来，一边走一边嚷嚷："西凉兵又来增援啦！"

一时间，洛阳城里的官民都被忽悠了，纷纷传言：董卓的兵不可胜数。

一看董卓的兵这么多，大将军何进与车骑将军何苗的旧部将们，以及无所依靠的那些兵士就纷纷投奔了董卓。

董卓的下一步目标，就是把并州刺史丁原的兵收编了。这一天董卓请丁原来吃酒，打算筵席上动手。刚刚落座，就见丁原背后一人，生得眉清目秀，手按环首腰刀，环绳系在手腕，刀刃被他的目光照得金光乱闪。董卓一想，坏了，这人是谁，今天恐是不能得逞了。只好胡乱喝了些酒，就把丁原一干人送回。

董卓赶紧向人打听，那位壮士是谁。他的女婿牛辅说："此人姓吕，名布，字奉先，北方并州九原人。他弓马娴熟，膂力过人，胯下一匹赤兔马。人称飞将，与前汉将军李广一般，举世无双，能文能武，现在是丁原帐下主簿，深受丁原信赖。"这里说的九原即今天内蒙古包头。

这么一说，董卓就想起吕布刚刚离开时所乘的马了。那匹马浑身上下皆是纯红色，如火炭一般。而且马跑起来不是飞奔，而是一蹿一蹿，好像兔子一般。董卓问道："你能说服吕布来降吗？"

牛辅回答："没有好处，恐怕人家是不会来的。"

董卓说："只要他杀了丁原，我就让他做骑都尉，决不食言。你这就去找他说。"

于是牛辅出城，偷着来见吕布。落座之后说道："奉先贤弟，最近来京城感触如何？"

吕布说："很好啊，京城靡丽之地，自然气派非凡。"

"呵呵，那些城内贤士大夫，兄可曾一一去联络？"

吕布说："没有啊，丁使君待我如同家人一般，跟着丁使君就行了。"

牛辅说："你看我，我娶了董公的闺女，现在已经要做中郎将了。丁使君出自寒门，内外无人接引，我遍览群臣大吏，感觉都不如董公。董公敬贤礼士，赏罚分明，未来必成大器。不是我说你啊，良禽择木而栖，贤弟有擎天架海之才，但是要跟对主子啊。丁原粗有武略，但文韬不足，诸将私下里都更喜欢奉先弟。丁原德不匹位，贤弟如何自处？"

吕布一时语塞。

"实话告诉您吧，董公今日闻听你弓马娴熟，宁可舍凉州人不用，而奉上骑都尉印绶，希望你能领皇宫羽林骑。"

吕布说："董将军如此厚爱，我将如何报答？"

牛辅说："报答也很容易，只是恐怕这事你不肯做。"

吕布沉吟良久说："你是说让我杀了丁并州，然后带着兵投奔董将军？"

"这可是你说的，愚兄不便多言。今日如有冒犯之言，贤弟切莫计较。我就此告辞了。"说完，不再多语，留下骑都尉的印绶就走了。

吕布思前想后，先是长嗟短叹，随后想通了就不叹息了，开始收拾东西。当夜三更时分，吕布提刀直入丁原房中。丁原正在秉烛夜看《左传》，见吕布进来就是一惊。慌忙问："你来做什么？"

吕布说："前者我们火烧孟津，是化装成黑山贼干的。现在朝廷追查，有密诏下给我，说你沟通黑山，我只好奉诏收你，您的私恩，未来我地下再报答吧！"

说完一刀砍下了丁原的人头。随后，吕布出门径奔洛阳城里的董卓府而去。

董卓见了吕布献上的丁原首级，大喜过望，立刻摆酒欢迎。丁原其他诸将如张辽等人，本该坚壁自守，为丁原报仇雪恨。但是闻知消息后，竟然都随了吕布来拜见董卓。董卓乐了，遂兼并了丁原的部队，势力得到进一步扩充。

不久，董卓又暗示朝廷，用久雨不晴为借口，罢免了司空刘弘而自己替代之。

这时候唯一能与董卓抗衡的就只剩袁绍了。袁绍控制着部分西园御林军，部将鲍信劝他动手："如今董卓拥有强兵，心怀异志，你不早图谋他，就会反被他所制。趁着他们西凉兵初来疲劳，一次偷袭就能擒拿到董卓的。"

袁绍心里害怕董卓，思前想后不敢发兵。说道："凉州、并州，天下健儿所在，如果都追随并依附董卓，我仓促之间还是不易图之。"

鲍信看袁绍如此无能，就辞职回老家避祸去了。

过了两天，董卓把袁绍请来商议国家大事。

董卓兴致勃勃地说："天下的君主，应当由贤明的人来担任。如今皇帝愚蠢暗弱，不够资格当万乘之君。陈留王比他聪颖晓事多了，我打算改立陈留王为帝。"

一句话犹如一枚炸弹，把袁绍炸到深水里又漂了上来。袁绍吐着口水说："我看，如今皇上岁数还小，富于春秋，没有什么不善之事，天下人也不觉得哪里不好。而且是嫡长子，如果要换成庶出的，怕众人会反对啊。"意思是，没有什么理由就换皇帝，不合适。

董卓不乐了，脸立刻沉了下来。他一按佩剑嚷道："你这竖子想怎么着？天下的事情，岂不都在我掌握中，我要怎么样，谁敢议论，谁敢不接受！"

袁绍被对方声色俱厉吓得也不敢再拒了，而且觉得跟他也无法对话，便思考着先回去再说吧。就找了个当口说道："这事是大事，等我回去跟太傅商量一下吧。这不是我能确定的。"意思是我叔叔太傅袁隗是皇上的老师，诏命的辅政大臣，何进死了，我叔叔官最大，得问他。

袁绍已经不想谈了，准备站起来走。董卓气哼哼地说道："刘姓家族的种，我看一个都不值得留！"

袁绍听了这无父无君、公开叛逆的话，一下子也控制不住。勃然大怒说道："天下健者，岂只有董公？"

说完，站起来，手握佩刀，拱手长揖，转身而出。

望着袁绍横刀长揖而出，董卓也被镇住了。片刻后才一拍案子："竖子自寻死，袁本初也不用留了！"

袁绍出来以后，知道董卓饶不了他。所以立刻收拾好东西，把司隶校尉的符节悬挂于东门。然后带着儿子袁熙等家眷，也不跟曹操等人通信，当天逃离洛阳去了冀州。

朝中跟袁绍相好的，在董卓那里都说不上话。唯独侍中周毖、校尉伍琼、议郎何颙等名士，暗中跟袁绍交好。而董卓为了显示自己能用人才，能拔取有名誉的名士，就善待信任周毖等名士，还给他们升官，且对他们颇是言听计从。因此周毖、伍琼等人就跑去忽悠董卓，说："废立是大事，不是常人能做得了的，袁绍这个庸人之所以害怕逃跑了，倒不是另有他志。如果明公逼迫他，他急了，反倒作乱。而且袁氏一家，树恩四世，门生故吏遍布天下，倘若他被逼急了，就会收聚豪杰徒众，英雄因之而起，则函谷关以东非公所有。不如安抚他，让他做个远郡郡守。他高兴于自己免罪了，这样也就无害了。"

董卓深以为然，便拜袁绍为冀州勃海郡的郡守。随后，这几个名士又偷着向董卓推荐了好几个名士，其实都是袁绍一系的，但董卓为了收取名士的美誉，就都任命为外州长官——刺史。

董卓见反对派袁绍已经跑了，其他势力如丁原的队伍也被自己收编了，于是打算干点大事。

时间来到九月，连下了3个月的大雨，已渐接近尾声。这一天，董卓在朝堂上梗着脖子挑头说道："最大的，是天地，其次是君臣，这样才能大治。但是，现在天子暗弱，不足以奉宗庙、为天下之主。因此我想，依前朝霍光的先例，改立陈留王刘协为帝，你们觉得如何！"

群臣脑子都嗡地一下，不敢说话。董卓又大声说道："到底有没有意见？没有。好！从前霍光废掉昌邑王，杜延年在旁边按剑而立。现在也是一样，有敢不同意的，都军法从事。都同意吗？"

尚书卢植气坏了，他学问最大，就抗声说道："昌邑王是在当皇帝27天就犯下了1000多条错误的情况下，才被霍光废掉的。当今皇上并无失德之处，不可类比昌邑王。"

一座群臣全都振动，望着卢植。

董卓气坏了，当着这么多人，既然是讨论，就不能不许别人反对。既然有反对，就达不成共识，于是只好散会。

回去之后，董卓就要杀卢植。他刚刚提拔的文化人蔡邕，正深受董卓亲近，赶紧给卢植求情，说这是海内大儒，杀了不吉利。董卓倒是听话，仅将卢植免官回家。

过了几天，董卓把材料都准备好了，免得再有卢植那样的人说他没理由。再次在崇德殿大会群臣，董卓便说道："皇帝守丧期间，没有尽孝子之心，威仪不像国君，现在废为弘农王，立陈留王刘协为皇帝。"

群臣一时不知说什么好，最后还是尚书反应快，他首先振臂高喊："万岁——！"

下面大臣只好跟着嘟囔："万岁！万岁！"

董卓看大臣都勉强同意了，于是瞅了一眼太傅。只见太傅袁隗走上大殿的宝座，把皇帝刘辩腰间的印绶解下来后，又扶他从宝座上下来，慢慢走下阶去。董卓噔噔两步走上前，把王美人的儿子陈留王刘协，扶着送上宝座坐好，袁隗过来给他系上皇帝印绶——这就是汉献帝。

刘辩下去之后，站于朝堂之上，北面称臣，反向9岁的汉献帝俯拜。旁边何太后见了，当朝哽涕，群臣含悲。环顾四周，却没有一个人敢上前发言干涉。因为外面都是董卓的兵啊。

何太后没过多久就被董卓找个借口，废了名号，用鸩酒毒死。

随即，董卓害怕前皇帝刘辩的存在，给大臣们以希望，就让郎中令李儒端着鸩酒拿给刘辩，说："您吃点药吧，这是保健药，可好着呢！"

刘辩说："我没有病，你这是想杀我！"

"你不喝，我就得给你灌了。"

刘辩明白了，自己短暂的人生即将走到尽头。于是和他的媳妇唐姬还有宫人，专门吃了一顿告别酒宴。刘辩在筵席上悲歌道："天道易兮我何艰，弃万乘兮退守蕃。逆臣见迫兮命不延，逝将去汝兮适幽玄！"

他的年轻媳妇唐姬，抗袖而歌："皇天崩兮后土颓，身为帝兮命夭摧。死生路异兮从此乖，奈我茕独兮心中哀！"

两人抱头痛哭，座上的人也个个唏嘘。

"好了，时间到了。"刘辩端起鸩酒，对着媳妇说，"你贵为王妃，按道理不应该再做普通吏民的妻子。我们来生有缘再见吧！"遂饮酒而死。时年 15 岁。

当时的人离婚再嫁是很普遍且不会受非议的，唐姬的爸爸是会稽太守，便劝她改嫁，唐姬发誓不从，最后终老园中。

另外，董卓为了斩草除根，还将何苗的棺材挖了出来，并命人拖出何苗的尸体，分解截断，弃于路旁。而何苗的母亲舞阳君，则被弃尸在宫苑的枳木篱笆中。

第七章

『宁我负人』的危机管理

汉献帝这个 9 岁的孩子，不仅没有外戚帮助，更可悲的是，身边的宦官 2000 余人也都死干净了。

外戚、宦官、朝臣三大势力中，汉献帝没有了前两大势力辅助，他就只能被朝臣和地方州郡所威逼了。

董卓扶立汉献帝以后，按照惯例，新皇帝给大家加官晋爵，于是拜董卓为相国，封郿侯，赞拜不名，入朝不趋，剑履上殿。

奇怪的是，已绵连三月的大雨，这时也终于开霁了。

由于天气好了，董卓终于可以出门胡闹了。他派了一队士兵到洛阳外边去逛。洛阳东南有一个阳城，城里的老百姓正在社里搞活动。社是祭祀和聚会娱乐的公共场所，每个城邑都有。

阳城人正在社里吃喝看演出，没招谁也没惹谁。忽然董卓的大兵到了，四面围住，把老百姓分成男女两堆，男的全部砍掉脑袋，女的则捆起来，装在老百姓的车上，连同老百姓的牛、酒、肉、财物等，都装在车上拉走。董卓军在路上连歌带呼，嚷嚷着攻贼大胜，朝洛阳城开回去。

洛阳城里边也倒了霉。当时洛阳城里的豪贵之家的宅第接次相望，户户殷实。董卓觉得自己的士兵来中原不能被亏待了，就放纵士兵挨家挨户闯进去抢财宝，不论官宦贵戚还是士民百姓。

洛阳城里的财富抢得差不多了，就该抢天下的了。董卓就发行分量轻的小铜钱，钱面还叫五铢钱，但只有一铢重，导致货币贬值，米价腾贵，一石米达数万钱——当时一万钱相当于一斤黄金，一石米相当于数斤黄金了。经过一番折腾，天下的黄金就都被董卓掠走了，百姓们纷纷破产。

董卓对臣下还非常苛刻。如有一天，侍御史扰龙宗到董卓那里汇报工作，因为没有摘下佩剑，当场被打死。总之，在董卓的统治下，人人自危，朝不保夕。

董卓的属下见此情形，立刻进言，希望董卓能宽大一些，否则很可能激发民变。董卓觉得，确实有必要拉拢一些忠于自己的朝臣，于是提拔了一些人。并且，为了让自己获得擢引士人的名声，还提拔了豫州牧黄琬为太尉，太中大夫杨彪为司徒，隐士、《易经》大家荀爽做司空。此外还有一些名士也派做了州郡长官：升尚书韩馥为冀州牧，侍中刘岱为兖州牧，孔伷为豫州牧，张咨为南阳太守，张邈为陈留郡太守。而董卓自己的人，则并不置于显位，而只做将校罢了。这种"公正"之心还真不知对董卓是有利还是不利。董卓还看中了曹操，上表汉献帝，加封曹操为骁骑校尉，拉拢曹操。曹操觉得董卓是暴虐之人，不得人心，不能助纣为虐。于是曹操偷偷逃离洛阳，从小道向东跑。

曹操带着几名随从，骑马跑到洛阳以东 50 千米的成皋。这时天色已晚，他便找到自己在成皋的老朋友吕伯奢家，准备过夜。不料吕伯奢不在，进城去了，吕伯奢有 5 个儿子，都在家里打牌消遣呢。

曹操说："别玩了！你们爸爸呢，我找他串门来了。"

吕大公子说："家父进城，不知去哪了，恐怕一两天才能回来。您先坐下休息，我给您弄点吃的去。"

当时已是夜晚，曹操就在堂上休息，吕家的几个儿子，往后面厨房里去操办食物。曹操在堂上坐累了，就站起来自顾自地走走看看。一会儿就到了厨房外面，他侧耳倾听，就听见吕家的几个儿子在里边说话："咱把它捆上杀了，怎么样？"

另一个人正在磨刀，只听此人回答说："要捆就得偷着上，这家伙聪明得很。"

曹操吓坏了，赶紧回到堂上叫来自己的人商议："吕家的人勾结官府，要杀我们。"

曹操因为背叛董卓，生怕董卓追捕他。真是风声鹤唳，寝食难安。他的几个骑兵随从都是莽人，巴不得立功。于是曹操便带着他们，拔出宝剑，不带声张，突入厨房，一顿乱砍，一口气杀死8口。

最后，在搜索活口的时候，大家却看见一头猪，趴在厕所门口。猪的两只前爪已经捆上了，嘴上也捆着绳子，正在乱滚乱蹭，两个大眼睛瞅着曹操。曹操方才大悟："坏了，冤枉了，误杀好人了！要捆的是猪啊！"

曹操扔掉宝剑，跌坐在月光下，傻了！过了良久，曹操晃晃悠悠拎着宝剑站起来。既而，曹操流下眼泪，凄怆地说道："宁我负人，毋人负我。"

曹操扭头对随从们说，我们走吧。曹操带着一行人默然离开。

再往东，到中牟县时，曹操还是被亭长给捉住了。亭长就相当于派出所所长，专门抓强盗和"亡人"。曹操不敢报真名，假名又没有凭证，亭长怀疑他，叫人一拥而上，带着几个求盗（即民警），就把曹操一行人抓了，扭送到县衙门。县里这时候刚收到董卓发来的通缉令，但是不知道这就是曹操。功曹先审问了一番，怀疑这就是曹操，但是心想如今天下大乱，曹操是个豪杰，不能害他。于是跟县令回复，说就是个出门忘带介绍信的，批评教育一下就行了。于是放了曹操。

曹操离开中牟，往东不远便到了兖州的陈留郡。他小时候的好朋友张邈刚刚被董卓提拔做了陈留太守。张邈说："你们老家那里地方官正到处抓你呢，你就在我这里吧。"曹操于是留下并跟张邈说了朝中形势。张邈便介绍曹操认识本地的财主卫兹。后者散出家财，加上曹操自己的钱，一起招募义兵，每天在田埂上训练，等待时机。

曹操误杀吕伯奢家人，然后说："宁我负人，毋人负我。"本来是句正常的话，即宁可我对不起吕伯奢，不要叫吕伯奢背叛我。《三国演义》为强化曹操反面角色的形象，就改成了"宁教我负天下人，休叫天下人负我"。完全扭曲了曹操的价值观。试问，这样"独"的人，能做成事吗？

第八章

小霸王的崛起

　　孙坚在吴郡的富春县长大。之前，孙坚作为县官被东中郎将朱儁借调到麾下，因讨伐黄巾有功，升为别部司马。当年年底，西边凉州的边章、韩遂作乱，孙坚就又跟董卓同去讨伐。由于董卓的上峰（张温）和孙坚的上级不听从他俩的计策，结果没能平定西凉。随后，湖北、湖南地区的荆州的长沙郡闹出贼众上万，朝廷让孙坚到长沙当郡守，一个月就平叛成功。

　　如今，已是汉献帝即位的第二年（公元191年）的春天，董卓在洛阳城里早已干了许多祸国欺君的事情。各州郡都起兵欲讨伐董卓，便推举勃海太守袁绍作为盟友。袁绍自称车骑将军，率领十家州刺史或郡守，合计数十万大军，从东、北、南三个方向向洛阳进逼，讨伐董卓。长沙郡守孙坚，也带着自己的郡兵向中原进发了。

　　但是，袁绍的数十万大军，不仅畏惧董卓，又各怀心思，因而都不敢往前走得太快。唯一往前走得太快卖力气的，就是河内太守王匡。这里说的河内郡，在黄河以内，也就是黄河以北到太行山之间的一个郡。河内郡离洛阳最近，王匡的数万大军迅速压到了黄河北岸。董卓有脑子，派一股疑兵大模大样地从平阴渡口过河，精锐大军则绕从小平渡口过河并绕到了王匡军的后面，从后面攻击王匡，几乎全歼王匡的军队，从此各路联军更加惧怕董卓。

　　这时候，孙坚从荆州的长沙出发，北上到达荆州北部的南阳郡。南阳郡是荆州七郡最北的一个，位置在今河南省南部的南阳盆地。董卓刚刚任命的南阳郡守是个名士，名叫张咨。孙坚是从长沙郡来的郡守，二人算是平级，且都是荆州的。孙坚进了南阳，便与张咨借粮。张咨的属下进言："府君跟他是邻郡太守，不归他管，不能给他粮食。他以讨董卓为名，实际是想趁机占了咱们南阳，不能给他。"

于是张咨不给，孙坚也不在意。次日，孙坚就带着好酒到张咨府中拜会。第三日，张咨按照礼仪回访孙坚，到孙坚营中吃饭。酒足饭饱后，孙坚的主簿进来请示："南阳太守张府君，不助义军，不给粮食，使我们无法北上讨伐国贼，请把他按军法从事。"

张咨大惊："什么意思？"

孙坚说："既然他犯法了，那就按军法来处置吧。"

张咨大叫，旁边的军将不由分说，拖了张咨出去，到门口就斩了。

由是南阳人震恐，孙坚再要粮食什么的，无不立给。董卓在洛阳听说了，忙又任命了一个新的南阳太守，结果被孙坚挡住，根本进不了城。

随即孙坚就听说，后将军袁术也在南阳郡待着呢。袁术是袁绍的堂弟，本是虎贲中郎将，在洛阳时董卓想拉拢他，封他为后将军。但是袁术见堂兄袁绍先跑了，自己也就偷偷跟着逃走，到了南阳郡北境的鲁阳县，也正召集义军呢。

孙坚觉得袁术是个可依靠之人，袁家四世三公，比自己的孙家名气大多了，于是毅然北上到鲁阳县城，面见袁术。袁术大喜，收孙坚做自己的部将。

袁术自知，人家孙坚主动投奔自己，总得给他好处。于是袁术上表朝廷，求封孙坚为破虏将军，兼任豫州刺史。按理说，这袁术是从洛阳偷着跑出的，董卓不会批复他的上表，但是董卓为了拉拢孙坚，分化袁术与孙坚，偏偏就批准了。于是孙坚照旧是袁术部将，官职为豫州刺史。

袁术的后将军这个官很大，他叫自己的部将孙坚做了豫州刺史，等于是把自己的势力发展到豫州，只是由孙坚来代为管理罢了。豫州在今河南省东南部，含有两郡（颍川郡、汝南郡）四国，地图上呈东西条状，面积不算大。豫州往南就是荆州的南阳郡。

这一天，孙坚到鲁阳城城外，设了帐子，给去后方督运粮草的长史公仇称饯行。正喝酒时，就见董卓派来的步骑兵数万人杀到了，其中先锋的轻骑兵数十骑已经冲到帐子外。

孙坚笑着举起酒杯说道："诸君都不要起来，接着喝。"当时，人们都是跪坐在席子上的，特别是在宴饮这样的庄重场合更是如此。听到这句话后，动弹不得的众士大夫吓得脸都白了。孙坚命令自己的部将韩当、蒋盖督导部曲列阵以待进行警戒，不得妄动。旋即，董卓的后面的骑兵又成批赶到。孙坚方才缓缓站起身来，宣布结束酒宴，在有秩序的护卫下，带着官僚们和各部士兵不慌不乱地撤回城里。

孙坚进城以后，才扭头对官员们说："我刚才为什么不立即起身，就是怕我们一急着撤，士兵们就惊慌了。他们一胡乱冲撞，你们这些当官的没他们膀子硬，就挤不进城内了。"众官僚们都感谢他救了大家一命。

董卓的兵看见孙坚兵众整齐，不敢攻城，反倒退去了。估计他们也觉得攻城是件难事吧。

孙坚在鲁阳城成功退兵后，即辞别袁术。袁术则继续守在这里，同时管着整个南阳郡。孙坚出南阳郡后，北上 50 千米，到了司隶州河南郡的梁县。这里北距洛阳只有 50 千米了。

孙坚到了梁县，扎下营围。这时候，董卓的部将，幽州辽东郡襄平人徐荣正带着一股兵马在这一带，与孙坚遭遇。孙坚没有城池拒守，徐荣的兵马又多，徐荣便向孙坚的营寨进攻。这回徐荣是得了好机会，大举围攻孙坚的营寨。徐荣的步骑兵实在是太猛了，孙坚被打得只有几十名骑兵突围。

因为孙坚的红色巾帻太过招摇，徐荣的骑兵争先恐后地追着孙坚。于是，孙坚摘下头巾，对旁边祖茂说："我这个头巾太刺眼，容易被识认。来，戴你头上，帮我引走他们。"

祖茂早虽害怕，但还是戴上了，他引着董卓军在主道上跑，孙坚则往小道逃逸。这时，祖茂看见一块坟地，中间竖着一根被火烧过的柱子，便跑了进去。他把红巾帻戴在柱子上，自己则卧在旁边的乱草中。

徐荣的骑兵远远望见，把坟地围了好几圈。但走近一看不是，便走了。

之后，孙坚稍稍收拢了败兵，换了一个头巾，就钻进梁县境内的一个小城——阳人城。这是个乡级的小城，孙坚在里边收拢残军，勉强自保。

董卓在洛阳听说孙坚的动向，就派东郡太守胡轸及吕布等猛将，带着5000步骑兵进攻阳人城。这胡轸性子急躁，与吕布和诸多将官关系都不太好。

胡轸等人行军到了晚上，正好到广成苑，人马疲惫。按董卓原先的计划，要在广成苑休息半宿，后半夜吃晚饭，继续行军，临黎明时到阳人城，发动突然袭击。但是，诸都督都恨胡轸，不希望他得胜，就一起忽悠他："阳人城中的贼人听说我们大军前来，于是都跑了，应该赶紧去追，不然就追不上了。"胡轸信以为真，继续赶路，半夜时抵达阳人时，人困马乏，又饥又累。结果发现，阳人城的贼并没有跑。

那就先休息吧。但是休息得扎营寨，意味着需要挖沟堑，用沟堑的土再立起营垒，但是士兵们都太累了，就直接趴地上，脱了甲胄休息。可问题是，在这样毫无防御的情况下休息，是相当危险的。于是，士兵躺下刚睡着，吕布等人就大喊："城中贼人出来啦！城中贼人出来啦！"一时军心大乱，丢盔弃甲，四散逃跑。

这时天光大亮，胡轸才发现根本没有什么贼。于是，折腾了一宿的士兵们，又在胡轸的指挥下，回奔阳人城。到了城下，准备捡刚才丢掉的兵器甲胄和马匹，然后掩袭攻城。其实掩袭已经没戏了，军队早已暴露。而且，这后半宿的工夫，孙坚见敌军至，就赶紧加强小城的工事。把各种守备之具：渠答（伸出城外遮蔽敌箭的大木幔）、桔槔、连梃、长斧、钩钜、飞冲，甚至抛石车什么的都准备好了。还有攒火（就像个大火柴，是个长杆，一头点上火，举着烧爬城的人）、大铁锅（烧开水和沙子，用于扔下夫烫人）等，也都紧急准备出来，在城头堆得甚多。另外，开水和柴火也都准备齐了，就等着往下泼了。

胡轸见对方已准备好应战了，几无胜算，只好带兵后撤，结果孙坚从城中挥军追杀出来。吕布等人都不肯用力，董卓军只能仓皇逃跑。直被孙坚军杀得大败，很快孙坚军便活捉了华雄等人。拉回城里，孙坚直接把华雄捆在中军鼓前，数落了一顿，枭首示众了。

董卓闻知胡轸败逃回来，叫道："孙文台这么个残破小城，居然不能拔取，反倒令我丧军甚众！"

胡轸连忙把责任推给众将，众将都不承认，说是军中谣传，不是我们说的。于是，董卓把胡轸责罚了一顿。

董卓决定来软的，向孙坚讲和，要把自己的闺女嫁给孙坚的孩子。但孙坚把使者骂了一顿，扬言要灭董卓三族，否则自己死不瞑目。董卓实在怕着了孙坚及十家州郡义兵，只好想办法向西转移，避关东军锋芒。

第九章

曹操苦战汴水西

袁绍的州郡联军气势汹汹，南边来的孙坚更是败胡轸、斩华雄，董卓只得被迫把皇帝汉献帝向西边转移。董卓自称，采用《石包谶》的说法，迁都长安，才能保证国家安定。

司徒杨彪反对迁都计划（他的爷爷的爸爸就是"关西孔子"杨震，"天知地知你知我知"便是他说的。他爸爸杨赐也曾做司徒），他说："迁都是件大事，盘庚之前商朝迁了 5 次都，盘庚想再迁都时官民皆怨。最后，盘庚作了三篇演说才勉强压住。现在皇上很圣明，海内安稳，没必要。非要迁都，老百姓不理解，非得像麇鹿、蚂蚁那样聚集起来闹事。而且，长安那个地方早已不能待了。从前王莽篡汉，赤眉军跑去讨伐他，把长安烧成一片焦土，老百姓百不剩一。光武帝刘秀觉得长安没法待，才迁都洛阳。另外，现在迁回那里，宫室仓促间也修不好啊。"

董卓说："司徒人人是想阻碍我的国家大计吗？现在关东州郡争斗不休，你是知道的。关中长安，左有崤山、函谷关之固，右有陇西木材随地可取，采办点木材砖瓦、盖些宫殿，简直易如反掌。至于小老百姓怕什么，如果他们不跟着我去，我用大兵驱赶去，不就好了吗！"

这时，太尉黄琬、司空荀爽也帮着杨彪说话："这事太大了，杨彪说的话，您还是多考虑一下吧。"

董卓考虑了一下，第二天就奏请 11 岁的皇帝，将司徒杨彪和太尉黄琬给免了官，改封王允为司徒，分管尚书台。当时正是公元 190 年二月，洛阳城的 100 万百姓开始在大兵的驱赶下向西迁徙了。一路上步骑兵在后面驱赶，沿途百姓有踩踏而死的、饿死的、被打劫伏击而死的……尸体从洛阳一直排到长安。

对于一些有钱的百姓，董卓更是没放过，出发前便捏造罪名，被抄没了家财、砍头者不可胜数。接着，董卓又放了一把大火，烧了洛阳城内的皇宫、官府、府库粮仓、民家，整个洛阳城内外方圆 100 千米全都烧成焦土。此外，董卓连死人也不放过，他派吕布挖掘东汉 8 个皇帝的帝陵，还有公卿大臣的家族墓地，盗出不少珍宝。随后带上汉献帝向西而去了。

三月，皇帝一行到了长安，暂居京兆府。一切事务暂由王允全权处理。

但是，董卓和诸将军队没有西去驻兵于洛阳城郊的皇家行宫兼野生动植物园——毕圭苑，等州郡兵过来打。

可是，州郡联兵根本不敢过来。袁绍作为讨董盟主，下辖十路州郡义兵，分别是后将军袁术（下辖孙坚部）、冀州牧韩馥、豫州刺史孔伷、兖州刺史刘岱、河内太守王匡、渤海太守袁绍、陈留太守张邈（下辖曹操部）、东郡太守桥瑁、山阳太守袁遗、济北国相鲍信。奇怪的是，韩馥、孔伷、刘岱、张邈这 4 个长官，竟然都是董卓刚刚任命的。

之前，董卓以为拉拢名士能稳固政权，就任命了以上这几位袁氏党人。他们虽是望族出身，徒有大名士之名。并非军旅之才。其中孔伷喜欢清谈，张邈是道德长者，袁遗博览百籍、登高能赋，他们喝酒搞文学聚会还行，而打董卓的胆量是没有的。

就这样，以袁绍为盟主的"讨董"联军，一直分散在各自的据点，各个狼顾狐疑，不敢前进。这可急坏了一个英雄——曹操！

曹操说："诸君聚合天下义兵，数十万之众，干吗按兵不动啊。如果董卓依据二周之险，即使董卓无道，天下人也奈何不了他。如今董卓焚烧洛阳，劫掠天子，令海内震动，民众不知所归，正是天亡董卓之时，一战而天下定，机不可失！"

这段话中所说的"二周"就是洛阳。这里原本是周天子的都城，周王朝末年，周王把洛阳一分为二，分设东周公和西周公，都在洛阳。从地理战略上来说，洛阳北临黄河，南依邙山，属于易守难攻之地。

虽然曹操慷慨陈词，但各州郡长官不为所动。只有济北国相鲍信跟从，他对曹操说："您是上天赐于我们希望的人啊！"

于是，鲍信带着自己的人和曹操一起出发西去打董卓。曹操的儿时朋友——陈留郡太守张邈，出于人情和面子，也派卫兹带着一队人马支援曹操。

曹操领着这三方面人——人数不多，到了洛阳以东的汴水。接着过了河，当他正准备杀向洛阳，正巧遇上董卓派来的部将徐荣。

徐荣仗着人多，把曹操联军杀得尸横遍野。鲍信受了伤，卫兹被当场打死，曹操身上中了一箭，马也被人捅了好几矛。曹操打得非常疲劳，只好拎着兵器步行奔逃，后面徐荣兵追得甚急。

正当曹操觉得要被徐荣赶上时，只见一将飞马而至。曹操一看，正是自己的堂弟曹洪。曹洪对他说："阿哥赶紧上马先走，我断后。"

于是两人渡汴水，返回了联军驻地酸枣，即今河南东部。

酸枣这里，驻扎着讨董卓的四路州郡长官的部队，其一就是曹操的老朋友陈留太守张邈。这帮人一共有十几万，每天置酒饮宴，根本不思进取。曹操上去把他们臭骂了一顿后，又搬出了一套战略部署："现在袁绍、王匡驻在河内郡，让袁绍南下出临黄河孟津，你们酸枣诸将守成皋，袁术再从南边入武关进入，以震动陕西关中（内有长安），这样形成对洛阳的四面包围，都深沟高垒，不与交战，示以形势，则胜势立定。其实这套战略设计，不是求战，而是以四方据点的形势控制，使董卓屈服，也算是高明啊。如今你们迟疑不进，令天下人失望，窃为诸君耻之！"

见张邈、刘岱、桥瑁、袁遗这4位州郡长官都不理他。曹操说："我的兵没有了，告辞了，我回老家募兵去了！"于是气哼哼地走了。

酸枣的几个人之所以不走，其实是为了互相掐架。四路长官中的兖州刺史刘岱随后突然对东郡太守桥瑁发难，把桥瑁给杀了，桥瑁东郡的地盘给了自己的部将统领。

曹操回到老家沛国谯县，那时沛县属于豫州。曹洪是个大地主，家里有田庄，光部曲就1000人。曹操也动用曹家、夏侯家的资产募兵，与曹洪合计募得了5000人，之后又往洛阳方向去了，不过半路上叛逃了3500人。逃兵不但开小差，还抢东西，把曹操的大帐也烧了。曹操手提宝剑，出帐亲手搏杀，砍死数十人，余下的叛兵纷纷退让，曹操方才从营中走脱出来。

曹操带着剩余的这1500名铁杆兵士，于半路上又招募了1000多人，到洛阳以北的河内郡（河南省北部），见到了袁绍。

然而，袁绍作为盟主，依旧没有南下的意思，只叫曹操按兵不动。

到了下半年，袁绍又打起了小算盘，心想，我若也扶植一个皇帝在手里，不就和董卓一样可以威加海内了吗？他想到，幽州牧刘虞，在幽、冀等州负有盛名，许多人都愿意跟随他。而且，就在几个月前，刘虞还被加封为太傅。袁绍认为，刘虞正是皇帝的不二人选。

为取得更多的人支持，袁绍派人对曹操说："汉室宗亲幽州刺史刘虞，是个好人，我要扶立他当皇帝，你觉得呢？现在的皇帝是董卓所立，本来就不应上位。"

曹操很生气，觉得袁绍本家族世受汉室厚恩，现在却不愿意讨董卓匡扶汉室，竟然还有意成为董卓那样的人。于是拒绝说："我们聚拢众将，兴发义兵，远近之人没有不响应的，是因为我们是以义而动。现在皇上只是受制于奸臣，本人并没有过错，而一下子又把皇帝换了，天下谁能而接受呢？你去北边找刘虞去吧，我独自向西去救汉献帝！"

这一天，袁绍弄到一方玉印，沾沾自喜。曹操看了厌恶之。袁绍见曹操不听自己的，又派人来吓唬他说："如今袁绍势力大极了，两个儿子也都成年了，天下的英雄，有谁能超过他？"言下之意，你曹操最好要识时务，帮着我袁绍比较好些。曹操没有回答，从此更加看不上袁绍了。

袁绍不去西边积极救皇帝，而想另立一个自己掌控的皇帝，他的所做所为使得我们有理由倾向于相信，两年前当外戚何进和宦官分掌权力的时候，袁绍非要引天下猛将兵去洛阳，导致天下大乱。不仅仅是袁绍蠢，他这么干，就是想乘乱夺权。

几个月前，袁绍刚开始讨董卓的时候，对曹操说："假如讨董的事失败了，你觉得我据有天下哪个位置比较好呢？"

曹操反问："足下意以为如何？"

袁绍洋洋得意地说："我向南抵达黄河，向北依阻燕、代，联络戎狄的强兵，向南以争天下，大约大事可成。"

曹操说："占据哪个位置都不重要。若是我的话，我任用天下的智力，以道驾驭他们，无所不可。在我看来，非要以险阻为资，就不能应机变化了。"

这番对话说明，袁绍早在讨董卓之初，就开始暗中打算谋求霸业做准备了。正是因为袁绍的私心，所以他的联军才在中原踯躅不前。

曹操这时候只是盟主袁绍所封的一个奋武将军，算是袁绍的部将，他的意见基本不重要。于是袁绍又给重要的人——南阳郡的后将军袁术（孙坚的上级）发去书信，说想立刘虞当皇帝的事。袁术也不答应——因为他自己还想当皇帝呢。袁绍不管三七二十一，还是联名冀州牧韩馥等人，派人送表到幽州，请幽州牧刘虞顺从众意当皇帝。刘虞说："你们再逼我，我就逃到匈奴蛮方去啦！"由此，袁绍方才作罢。

而这时，已经来到公元 191 年的正月了。

第十章

袁绍远交近攻得冀州

公元 191 年二月时，太师董卓仍在洛阳郊外的毕圭苑屯兵，等待已经按兵不动快一年的袁绍军队到来。

这时候，唯独破虏将军孙坚开始出阳人城，挥军北上，进逼洛阳以南 45 千米的大谷了。董卓亲自出毕圭苑，与孙坚大战。结果董卓战败，向西退走。董卓退到洛阳西边 50 千米的渑池要塞才停下，他分留诸将屯守渑池、函谷关等西部要塞。接着，董卓直奔函谷关，入长安，找去年已经先行跑到这里的汉献帝团聚去了。

董卓临走时对诸将说："联军各部都不值得我放在眼里，唯独要小心孙坚。"

与此同时，孙坚和一干人等来到了残破的洛阳城头，望着这座被烧为焦土的废都不禁惆怅流泪。据说，也就在这时他们发现了"传国玉玺"。

随即孙坚派士兵把城外被董卓盗挖的陵墓用土填平，然后遣兵追赶董卓。

而讨董盟主袁绍下面的十路州郡义兵，这时也有了新动作，本来都是虚张声势讨董卓，见董卓西逃便开始忙着互相兼并，以求扩大地盘。袁绍本人则对韩馥的冀州非常眼馋。袁绍觉得应该先从软柿子捏起，他见孙坚官小，就派大将周喁去端孙坚的老窝——孙坚这时领豫州刺史一职，是袁术为了鼓励他而上表封给他的。

孙坚一听，周喁来攻打豫州，慨然叹道："本来都是同举义军，以安汉室。董贼眼看就要被我们追破，而义军内部却同室操戈，我能跟谁去勠力同心向西，报效皇帝呢？"

说完，孙坚又哭了。

孙坚哭罢，便从河南西部撤兵，回援豫州。

孙坚把周喁赶走后，就按上司袁术的命令，准备向南去占荆州。荆州刺史刘表，是个大名士，与张俭等7位贤士同号"八俊"。他身长八尺有余（190厘米以上），姿貌甚伟，办公地点是今湖北北部汉水南岸的襄阳城（州治）。刘表看见孙坚大军南下杀奔荆州而来，就派部将黄祖出战。黄祖和孙坚在汉水北岸的樊城遭遇，被孙坚杀了个大败。孙坚一鼓作气追过汉水，把襄阳围住。

襄阳西边有个岘山，黄祖在这里埋伏了两名神射手。这一天，孙坚独自一人骑着马，踯躅在岘山上往下看襄阳地形。其中一名神射手故意向孙坚头部偏左射出，他知道孙坚身手了得，便与队友配合，当孙坚头往右摇时，另一外神射手的飞箭正中孙坚的脑门。孙坚一头栽下马去。时年37岁。

与此同时，董卓到了长安，百官公卿都来迎接。董卓的党羽想让董卓"更上一层楼"，纷纷称董卓为"尚父"（姜太公）。董卓便征询蔡邕的意见，蔡邕说："您威仪道德，实在伟大。但和姜太公比起来，还差一些。如果您能平定东方，将皇帝迎回洛阳，我们立刻为您加上'尚父'之号。"董卓自知远未达到，便让众人作罢了。

而中原的州郡联军，见董卓已经跑了，联军的粮食也吃完了，于是袁绍和各州郡长官，商议决定讨董暂时胜利结束，都各回各州去了。

袁绍也收拾兵马，准备回去。可是回哪里去呢？袁绍便打起了冀州的主意。

冀州是个大州，下辖9个郡，涵盖今河北省大部分地区。袁绍只是其中勃海郡郡守。冀州牧韩馥也是十路州郡义兵中的一员，但他本人没有来，而是派了一些弩兵参战，此外就是从冀州给中原义军输送军粮。冀州兵强，粮食又多，而袁绍现在已经没粮了，如果硬攻冀州，冀州人给他一断粮，袁绍就无处容身了。

袁绍跟门客逢纪商量了一下，于是想到一个办法，按逢纪的主意，派人北上幽州，劝公孙瓒南下进攻冀州。于是，公孙瓒就嚷嚷着要讨伐董卓，带着人马向南进发，然后进入冀州境内就不走了，意思是想把冀州给武装占据了。袁绍又赶紧派外甥高干等人跑到冀州，对冀州牧韩馥说："公孙瓒提燕、代之卒，其锋锐不可抵挡，您不如把冀州让给袁绍，也比被公孙瓒那厮抢了地盘好啊！"

韩馥这个人一贯怯懦，便打算听从游说。此时，他下面的文官武将好几个跑来进谏："万万不可啊！冀州民丰物盛，带甲百万，粟支十年，完全可以跟公孙瓒抗衡。袁绍不过是我们冀州的一个小郡长官，好比一个婴孩，全仰您鼻息而活。您只要断掉他补给，他立刻就饿死了。您奈何把整个偌大冀州拱手让他啊。"

韩馥说："我是袁氏故吏，而且我的才德名气都不如袁绍，我让给袁绍不是很自然的事情吗？度德而让，古人所贵，你们怎么不按古人所尚，反倒骂我呢？"

正在孟津驻扎的从事赵浮和程涣听到这一消息，立刻率领手下的一力士兵回到冀州。他们对韩馥说："袁绍无粮，虽然有于夫罗等人马归顺，但不会长久。无粮必会生变。我们只要用这一万人挡住他10天，袁绍自会军队土崩瓦解，将军自然高枕无忧。"可韩馥仍不听从劝解，铁了心要把冀州让给袁绍。见无法说动，韩馥手下的十余人当即离去，只剩耿武、闵纯等人还在韩馥左右。

于是，韩馥让儿子带着印绶交给袁绍，拱手把冀州让给袁绍。

袁绍正在回去的路上，黄河岸边，见韩馥的使者带着印绶来了，虽谦让再三还是接下了。随即也不去勃海郡了，当即渡河北上。到了冀州，只见韩馥相迎，二人工作交接完毕，袁绍便做了冀州牧，时间正是公元191年七月。随后，袁绍将韩馥手下一批不得志的人，如沮授、审配、田丰等都任命了重要职位。

韩馥则被任命为奋威将军——这是袁绍给他的官，是个虚衔。邺城这里还有一个都官从事，名叫朱汉，从前曾经巴结韩馥，但一直不受待见，于是怀恨在心。这时候有了新领导袁绍，这朱汉就想讨好袁绍，兼以报仇。这天，他擅自带着一群城防兵冲击韩馥家大院，口口声声说韩馥暗通董卓，阻滞义军，必须出来受死。

士兵攀墙而入，又往屋子里冲。韩馥慌慌张张跑上二楼。韩馥的大儿子一个走不及，被朱汉兵抓住，当即砍断两脚。

袁绍闻讯大惊，赶紧发兵救出韩馥，同时把朱汉正法。随后好言安慰韩馥。韩馥觉得这里也不是好呆的，不安全，就南下去了兖州，依附陈留郡的郡守张邈去了。不久后，袁绍派使者来见张邈，两人互相耳语，好像有所计议。韩馥也在座上，心想这是在琢磨我啊。于是便跑到厕所里自杀了，这一举动正好也让袁绍省心了。

袁绍有了他所期冀的冀州，而他的堂弟袁术已经据有荆州北部的南阳郡及豫州。不过，袁绍和袁术这两个"袁氏"，很快就"圆"不到一起了。讨董卓时，袁绍想联名请幽州牧汉室宗亲刘虞当皇帝，但是袁术回信拒绝。袁绍又派部将周喁去抢袁术部将孙坚的地盘——豫州，虽然没抢成，却更触怒了袁术。首先，孙坚是袁术部将，领豫州刺史，等同替袁术管理豫州。其次，讨董卓的时候，董卓一生气，把留在京城的太傅袁隗（袁绍的叔叔）、太仆袁基（袁术的哥哥）两家50余口都给杀了。天下豪杰感伤袁氏家门之变，人人想为之报仇，都愿意依附袁氏。但是，明显依附袁绍的更多。袁术看见豪杰更多投奔袁绍，而不把自己当袁家正宗，气急败坏，骂道："竖子不跟着我，却跟我家家奴吗？"

袁术占有的南阳郡，是荆州九郡中最北的一个郡。荆州本是荆州牧刘表管理的，袁术此举就相当于占了刘表的地盘，于是和刘表之间也有嫌隙。袁绍见状，就赶紧和刘表联合，以夹击袁术。作为对策，袁术和幽州公孙瓒相结，以公孙瓒从北面困袁绍。可见，两个人都挺懂得远交近攻的。

公孙瓒于是当了袁术的盟友，他本人也反感袁绍得到冀州，于是准备和袁术南北呼应，对冀州的袁绍发难。

公孙瓒骁勇善战，姿容雄伟。他本是幽州辽西郡令支县人，后通过努力，当上了幽州辽东属国长史，后因拒击属国乌丸胡人有功升中郎将，又转屯右北平郡。虽然他只是属国长史，郡级干部，但因长期指挥军队而成了幽州的实力派。他的上级虽是幽州牧刘虞，但公孙瓒从不把刘虞放在眼里。另外，别忘了，这时公孙瓒帐下还有一位老同学，就是刘备，跟随公孙瓒做别部司马已经好几年了。

这一日，公孙瓒正在幽州州治蓟县（北京）的府里筹划南下之事，就有门官来报，说外面有一个人名叫赵云，带个几个亲从，前来投见。公孙瓒命人请了进来。

进来一看，见是一位勇士，身长八尺有余，雄姿英发。此人正是赵云，字子龙。这赵云是冀州常山国真定县人，就是河北省石家庄、正定一带，他受本郡人推荐，带着若干吏卒部曲为代表，来投奔公孙瓒了。

公孙瓒正愁闷于自己幽州的人多跑去冀州投奔袁绍，这时终于见到冀州人来投奔自己，高兴极了，一时不知说什么好。就嘲弄赵云说道："我听说，冀州之人都愿意为袁本初效力，你怎么独独回心，来了这里，是迷途知返吗？哈哈。"

他希望赵云接下来回答，把他夸赞一通，说他英武卓越，所以来投他。

不料赵云冷冷地说："天下人言汹汹，也不知谁说得对。老百姓有倒悬之厄，鄙州人士议论，哪里有仁政我们就去哪里，倒不是非得不要袁公而私爱于将军也。"

一句话说得不温不火，不谄不媚，意思是到底去哪还没说定，要看你们谁有仁政，倒不是非得死追你们俩中的某一个。公孙瓒没了脾气，于是留下赵云，叫赵云主管一支骑兵部队。

此时，正在公孙瓒帐下的刘备听说新来了一位猛将，长得浓眉大眼，白面英武，分外奇之，就频频接纳善待赵云。赵云从刘备那里得到了兄长般的温暖，因而对刘备十分信赖。可是过了一段时间，赵云感觉公孙瓒这里也没有"仁政"，就以回家给老哥发丧的名义，向公孙瓒请假回家。刘备也知道他不会回来了，跟赵云牵手而别，赵云在马上说："刘备哥哥，你等着我，早晚我来投奔你！"

到了这年秋天，公孙瓒带着幽州兵南下，进入冀州东部的勃海郡。正要跟袁绍火并，抢夺冀州时，却出了变故。因为这两年州郡兵去讨董卓，州内空虚，青州、徐州的黄巾军余党又闹起来了。青州在山东省北部，徐州在南部。青州刺史焦和当时正从讨董战场回来，结果打不过黄巾。据说此人只会清谈，打仗就靠算卦，于是城邑被黄巾害得都成了废墟。此时，青、徐黄巾又从山东冒出来，往河北冀州杀来，正进入勃海郡，有30万之众。公孙瓒也不管袁绍了，以2万步骑兵力，在勃海郡南部杀得黄巾军鸡飞狗跳，斩首3万余级。黄巾军慌忙掉头往南边的黄河跑，半路丢下数万辎重。公孙瓒追来，半渡而击杀，令黄巾军死者数万，流血染红了黄河，最后被公孙瓒掳得7万余人，车甲财物不可胜算。由是公孙瓒威名大震，遂往冀州多个郡县派出自己委任的干部。袁绍的冀州各郡县，纷纷打开大门表示要跟随公孙瓒。

公孙瓒最远将部将派遣到青州和兖州：田楷做青州刺史，替代刚刚病死的焦和，刘备也被要求跟着田楷一起去；单经做兖州刺史。从而从东南方向对袁绍形成包围之势。

公孙瓒自勃海郡西行，进到冀州中部的巨鹿郡广宗县。这时候，冀州牧袁绍急了，举数万兵马去迎战公孙瓒，两军直接合战于广宗县的界桥。打仗之前，公孙瓒先写了一篇文章，发给远在长安的小皇帝，解释自己跟袁绍打仗的原因：

袁绍有十大罪状：第一，何太后当朝，何进辅政的时候，袁绍不干正经事，却招天下猛将进京，致使丁建阳焚烧孟津，董卓跑来祸乱朝廷；第二，董卓劫持天子以后，袁绍不能帮助天子，反从洛阳窜逃，背主不忠；第三罪，袁绍在勃海郡暗中选练兵马，打算进攻董卓，却不告诉朝廷里自己的老叔和哥们儿，导致后者被董卓杀害，袁绍实属不仁不孝；第四罪，袁绍既然兴兵讨董卓，耗时两年，却裹足不前，反倒广抢地盘，剥割百姓；第五罪，迫死韩馥，抢了冀州牧的位子；第六罪，抄掠郡县；第七罪，杀害功臣刘勋；第八罪，杀害两个缴保护费不及时的地方长官；第九罪，袁绍的老妈本是个小保姆，地位低贱，由袁绍继承袁家掌门人，损辱祖宗；第十罪，袁绍派周喁抢孙坚的地盘，断孙坚粮道，导致孙坚不能追克董卓，耽误救主大业。

后将军袁术也发了信，说袁绍的种种罪行就根本不是人干的。总之，袁绍的罪孽，罄竹难书。我现在就要像齐桓公、晋文公一样围护皇权，去讨伐他。皇上请听我的喜报吧！

袁绍得知公孙瓒上奏的内容后，在界桥以南10千米的战场上，排好阵势，心说我非灭了你不可。就见公孙瓒以3万步骑兵列成方阵：骑兵在两翼，各有5000余骑，中间是步兵方阵；最里边的白马义从作为中坚，也有数千骑之多，它们分成左右两拨，左面的弯弓作势朝右面射，右面的弯弓作势朝左面射，用交叉火力网把中间骑着白马的公孙瓒保护起来。公孙瓒素好乘白马，他的这些白马义从曾经把北方乌丸人打得望见白影就跑。白马义从都是精选的善射之士，所谓"义从"，就是部曲。整个阵列，旌旗铠甲分明，可谓光照天地。

袁绍看了，不禁倒吸一口冷气，说道："幽州恶少，其精如此！"意思是，幽州的公孙瓒，是最善于打架的。

袁绍叫来自己的部将麹义："你来做先锋吧，我给你800人。"

麹义说："800人打他3万人，已经足够了，我这就去。"

袁绍说："等一下，我再派出强弩千张，从左右加强火力掩护你。"

于是，袁绍把自己的数万人大阵列在后面，让麹义的800人在前面结成乌龟壳阵。即趴在地上，用大盾盖住自己，好像一地的乌龟。

公孙瓒说："我真替袁本初脸红，派出的先锋因为兵少，就都不敢站着。哈哈，传令，白马义从，把这些新鲜的乌龟都踩烂了！"

于是一片白云，滚着雷霆之声，仿佛乱云翻滚，向"乌龟群"压过去了，眼看变成一场暴风骤雨。"乌龟们"都静静不动，等敌骑已经逼近只有数十步了，一起同时跳起，扬尘大叫，直前冲突。这些俩后腿儿突然站起来的"乌龟"把公孙瓒的很多骑兵吓得一愣神，纷纷扯缰勒马。当马速被降下来之后，群马挤在一起，就方便用箭射他们了。只见两边的千张硬弩，联翻发射，密集的弩箭，使迟疑惊骇中的白马义从军中箭立倒，大量骑手和白马被弩箭攒射倒地，辗转难起。麴义的800先遣军，拥盾猛撞，呼杀冲刺，黑铁武器刺杀出的红色小溪流淌着，白马义从的千余骑战马及其主人的尸体堆积如丘。公孙瓒委任的冀州刺史严纲被阵斩。

袁绍把令旗向前一指，接着猛抖起来。随即喊道："冲啊！"就见其后阵数万步兵一起掩杀，将刚才因首战失利而陷入惊惶的公孙瓒万余骑兵大阵冲散，演出了一场步兵追杀骑兵的好戏。

公孙瓒的步骑兵玩命奔逃，直跑到了北边10千米外的界桥上才停住。公孙瓒气得哇呀呀乱叫，怒道："我今天就不信了！"只见他勒马仗矛立在桥头，殿后奋勇搏杀，消耗敌人攻势。

麴义追至，跟公孙瓒展开了桥梁争夺战，再次在桥上把公孙瓒逼退。公孙瓒矛断马伤，气得嗷嗷直叫，败过桥去。当时正是秋风飒爽的时节，公孙瓒这支曾经北骇鲜卑，南战黄巾，战功累累的军队竟这么糊里糊涂地跟着秋天的黄叶一起败回北方幽州。

袁绍这时候也带着亲兵部属向北推进来了，还没到界桥，差着十几里，袁绍勒住马说："公孙瓒现在已经变成公孙惨了，我们下马休息一下吧。把我的冰激凌拿过来。"

仆人忙递上古代冰激凌，也就是掺有甜水的碎冰块。袁绍一边吃，一边解开扣子，又摘下头盔捏在手中扇风。这时候，忽然山崩地裂一般，公孙瓒部下的 2000 余骑骁勇的骑兵突然出现。在刚才被打蒙了过后，他们本散逸至远处，如今重新归整起来，就像编队的战斗机一样，齐刷刷地杀过来了。袁绍之人望见，大惊失色。很快，公孙瓒的兵马把袁绍等人围了数圈。此时袁绍麾下只有强弩数十张，持大戟的战士 100 多人相随而已。众人惊恐万状。

副州长田丰赶紧跑上来，抢过袁绍的冰激凌，一把扔了。然后扶着袁绍喊："主公，那边有一段断墙，我赶紧扶你钻进去避避！"

袁绍大怒，把钢盔举起来一把摔在地上，大叫："大丈夫当向前斗死，躲入墙中，岂能活命乎！"

壮哉！袁绍果然不是纨绔子弟。身边的弓弩手闻听如此豪言，无不目眦尽裂，咬牙发奋，站起来端起弩机朝公孙瓒的队伍扫射。公孙瓒的 2000 骑兵，当着这狂怒的箭雨，根本前进不了，心想这帮人何必这么玩命啊？他们也不知道袁绍就在其中，觉得没必要冒死进攻，又见己方已丢下了数十具尸体，就失了锐气，纷纷掉转马头，往后边稍稍退却了。袁绍赶紧指挥士兵极力向外挣扎。

就在这时，刚好麹义的援兵赶来。敌方的 2000 骑兵一看乌龟将军又来了，吓得马匹纷纷翘起后腿，夹着尾巴屁滚尿流地跑了。而麹义则追到了公孙瓒的军营，拔掉了他的牙门旗，袁绍军大胜。

袁绍一战大胜，威震冀州，把公孙瓒的势力打得七零八落，彻底驱赶回了幽州。

第十一章

董卓与吕布的『父子』之交

七月，袁绍先是逼死韩馥、夺得冀州，现在还打跑了公孙瓒。

其实，还有比冀州更好的所在，那就是陕西的关中。公元191年四月以后，董卓逃遁到了陕西关中。董卓在关中营建自己的新基地，执行的还是一贯的恐怖统治政策。

董卓有霸道国王的典型性格，就是记仇能记很多年。他觉得从前太尉张温不听自己的军事意见，是对自己权威的冒犯，于是就找了个理由，把张温用竹板活活笞杀了。问题是太尉也是"三公"之一，董卓居然敢这么做！至于长安地区原有的豪门望族，董卓又给他们捏造一些叛逆的罪名，抄斩了若干家，杀了数千人，自己方才觉得坐稳了。他在长安西边120多千米处修筑了一个叫作郿坞的城堡，高度和长安城一样，城墙厚约七丈（约16米）。修好后，董卓把自己一家老小、亲兵卫队，一起住在里面。无数的金银细软，还有可以吃30年的谷子。每当董卓坐在珍宝堆前吃饱了饭，他就摸着自己的肚子说："我事成的话，就雄踞天下；事若不成，守在这里也可以坚持到我老死啊！"

他跟袁绍一样，以为山川之险可以保社稷，孰知人心如果离散，险要的四境之内也会树立敌人。

为了不让内部的人造反，董卓接连制造恐怖。一次他在郿坞的城门外的帐子里招待朝廷百官。喝着喝着，闹哄哄来了数百人。一问，领头的来报说："从北面招安了数百山贼。"于是董卓命都拉进来，当场用刑具将这些人折磨死。百官个个战栗不已，筷子都掉了，而董卓仍谈笑自若。

百官从此更加害怕董卓。

而董卓手下诸将，言语稍微有点差错，也会被当场屠戮。

就这样，董卓俘获了人们脸上的敬畏，而没有俘获人心中的景仰。

大约是怕人家来复仇吧，董卓便让吕布当起了自己的保镖。

而在暗地里，司徒王允、司隶校尉黄琬、仆射士孙瑞和尚书杨瓒等人，也正在找机会暗杀董卓。

对于董卓这样的专制者，只有年龄是他最大的敌人，他最怕的是被年轻人取代。所以，他对自己的保镖吕布，是又亲近又嫉妒。

吕布这一天到董卓府里玩，看见一个侍婢，身段娇媚，顾盼间艳色四散。吕布当即就喜欢上了，随后两人就开始私下交往。

不过，这位女子实在地位太低，所以她叫什么名字，我们至今都不知道。而且吕布这时候已经有夫人了。

不久后，有一次因为一件小事，吕布没有称董卓的意，气得董卓暴跳如雷："哇呀呀！这儿子为什么事情没干好！"说完跳向兵器架，拔出一只手戟（就是短柄小戟，可以用于投掷敌人），朝着吕布就扔过去了。

吕布轻舒猿臂，来了个燕子侧倾旋，贴身避开。董卓一看没有击中，就去搬兵器架上的月牙铲，可惜铲子太沉拿不下来。这时吕布已经扑身跪倒跟前，口中连喊："太师饶命，太师饶命，以后儿子再也不敢了。"

董卓啪啪捶了吕布两拳："狗才，你再敢藐视老夫，老夫就扒了你的皮！"旁边一干人赶紧过来劝慰，都喊太师息怒。董卓方才慢慢消了气，然后又哈哈大笑说："奉先，你不会记仇吧！"

"太师待我恩若父子，儿子怎么会记恨老父。只是怕父亲气坏了身子。"

董卓又继续哈哈大笑，拉着吕布出去玩了。

吕布虽然口头上说着这些奴性十足的话，私下里则怨恨着董卓。

而跟侍女私通的事，吕布更是心中战战兢兢，如果老大知道我该干的事没干，不该干的倒没闲着，那就不是手戟来扎我了，非将我下油锅不可。

吕布交友广泛，当时的司徒王允也跟他是老乡。王允本是大将军何进任命的河南尹，后来被董卓提为司徒，还兼录尚书台事务，是朝里最大的文官了。王允见吕布是个知名的壮硕家伙，就花了很多钱来结交吕布，所以两人关系很好。这一天吕布来见王允，两人喝酒，王允望着吕布的眼睛，发现吕布情绪低落，就问："亭侯怎么不太愉快，是不是对这个酒不感兴趣？"

吕布叹了一口气。王允再三追问，吕布才扬起脸说："董太师因为一点小事，就扔手戟，差点杀了我。我怕再出些什么事，小命说不定就没了。"

王允心想，刺杀董卓的机会终于来了，便马上说道："您是天下名将，如今却被董太师像奴仆一样厮骂捶打。古人贵使臣以礼，使士以诚，你的主子却这样无礼无诚。俗话说，士可杀而不可辱，我若是你，不如一死了之。"

吕布又叹了口气。

王允说："我听一些大臣们在暗中计议，说董卓上欺天子，下虐生灵，人神共愤，如今罪恶满盈，该当灭亡。大臣们都在密谋杀他呢！"

吕布仍旧不语。

王允又说："但是他们说，杀董卓不难，只是怕他身边的吕布，保着董卓为虐天下，可惜也可怕啊。"

吕布说："真有此事吗？"

王允见吕布眼中并无愤恨那些大臣的意思，便抖开胆子说道："大臣们都讲，如果吕布肯拨乱反正，杀掉董卓，即上报圣君，下纾国难，公卿们愿意推吕布为将军，假皇帝节，进封侯爵，秉持国政。"

吕布是个"志向远大"的人，一听说是能位极人臣，而且匡扶汉室，就觉得自己没有理由拒绝这么伟大的提议了。

于是，吕布问王允到底是何意。

王允讲道："同是州里之人，我也不惜宗族性命实话相告，正是我和仆射士孙瑞策划杀董卓。贤弟若能转过刀锋，为国立功，我担保从此我文你武，共掌国政。"

吕布说："贱躯愿意效劳。只是有一点，世人将我和董卓视为父子，以子杀父，这将奈何？"

王允说："你自家姓吕，并非他的骨肉。他用手戟投你的时候，如何还有父子之情？"

吕布听后便不再迟疑，折箭为誓。

这时已经是下一年，公元192年的四月初夏，汉献帝因为季节变换而得了一场病，终于这时大愈了。按照古制礼仪，朝臣们要大会未央殿庆贺。

董卓平时怕被人算计，就叫百官到郿坞汇报工作，不去长安。但因为皇上这事，只能驾着金华皂盖车，从郿坞出来了。可是刚出来马儿就受惊了，扭着脖子往后跑。驾车手扭不过大马，整个车子翻到泥沟里去了。董卓穿着漂亮的朝服，全给泥巴裹得污烂了。只好返回郿坞去换衣服。

他的媳妇岁数小，特迷信，便对他说："今天好像不吉利，马儿都有感觉，我劝您不要去了。"

董卓不信，还是出去了，不过加了小心。从郿坞到长安城内的皇宫，120多千米路，全程军队夹道排开，左边步兵，右边骑兵，层层周匝，又让吕布等人在自己车前后护卫。

当董卓的车开进皇宫门时，只见骑都尉李肃带着十几个勇士，持戟从门后刺过来。戟这东西三四米长，最适合刺车上的人。李肃一戟正刺中董卓肚子，董卓一鼓肚子，气运丹田，戟竟然刺不进去。这是因为董卓朝服里边穿着高级皮甲——犀牛皮甲，虽然不厚，却坚韧难以穿透。

李肃把大戟一收，拦腰来钩董卓的胳膊。那里没有甲，董卓很快失去平衡，竟被钩下车来，胳膊也骨折了，赶紧大喊："奉先何在？"

吕布大喝一声："某在此，奉诏讨贼！"说完就往前面挤。别的侍卫都不明白，不敢拦挡，董卓大骂："蠢狗，你胆敢如此！"

不等话音落地，吕布催马已到，一矛刺中董卓咽喉，董卓竟这么死了。

旁边主簿田仪和董卓的苍头本能地跑向董卓，被吕布又刺杀之。

吕布拔马往后面的队列奔走大呼，手举一道赦书："皇上诏书在此，董卓谋反已经伏诛，赦免将校无罪。"

士卒惊喜，全都大喊万岁——表示高兴，类似于"好唉"。那时候万岁还不是拜见皇帝的专用赞语。百姓闻讯，都歌舞于道，如同节日一般。

从前平定黄巾的皇甫嵩，则奉诏率领皇宫宿卫兵去攻郿坞。董卓的弟弟正在那里守着呢，不过最后还是被皇甫嵩越城攻入，母妻儿男孙女，被杀得孑遗不剩，尽灭三族，收得了郿坞中黄金两三万斤，银八九万斤，其余金锦绮素奇玩，堆积如山。

董卓90岁的老母，身体还硬朗，自己走到坞门口说："能不能商量一下，饶我老太太不死啊？"但愤怒的士卒群众仍旧把她杀了。随即，朝廷中的董卓党羽也被逮捕处死。

从前，太傅袁隗、太仆袁基两家数十口被董卓灭门，这时候袁氏门生们就跑到郿坞，把董卓家族人的尸体全部烧了，扬灰于路。

董卓自己的尸体被拖到了长安农贸市场里。当时天已经热了，董卓是个大胖子，尸体里的油脂都流淌到地上。守尸官吏就把一个大蜡烛芯，插在董卓肚脐里，当作灯，光明彻夜达曙，如是积日。

第十二章

王允画虎类犬惹众怒

与王允同时，在朝廷里还有一位名臣蔡邕，他是蔡文姬的父亲。当时，蔡邕在朝中的官职是司徒掾属，简单说就是王允的秘书。

蔡邕诗词音律皆通，当时王允给他的主要任务是续写《东观汉记》。话说有一次，蔡邕去邻居家吃饭，进门前就听里边有人弹琴，他说："这帮人要杀我。"返身就回去了。

邻居随后追来，蔡邕说："你要杀我，我从你屋里弹的琴声中听出来了。"

邻居很奇怪，一问那弹琴的客人，客人说："对了，我刚才弹的时候，看见螳螂正在捕蝉，蝉将飞未飞，螳螂则舞着大刀前后比画，我唯恐螳螂砍不到蝉。难道是我的杀心透露到琴声里去了？"

蔡邕莞尔一笑说："正是这个原因啊。"

汉灵帝时候有多次灾害，如洛阳地震、海啸吞人、雌鸡化雄、黑气飞落温德殿等灾异。于是汉灵帝下诏求解释。蔡邕那时还是议郎，就上疏说："彩虹落在地上，鸡也变性，都是宦官干政导致的啊。"汉灵帝颇有感悟。宦官们知道后，就揪住蔡邕的一个小错误，将其贬为平民了。

后来，董卓听说蔡邕文学水平高，就派人请他来做官。蔡邕不愿意去，董卓大怒，说："你不来，我就灭了你全族。"

蔡邕无奈，只好来当官了。之后，他经常规劝董卓，多数不被听从。

如有一次，关中地震，董卓问是我哪里做错了？蔡邕说："因为您坐金华青盖车，超越礼仪等级标准了，所以上天给以警告呢！"董卓就换了金华皂盖车。但其实仍是超标的。

董卓被杀后，有一次司徒王允和一班大臣坐着聊天，蔡邕也在其中。说着说着，他就说到了董卓，随后还叹了口气，好像很动情的样子。王允勃然大怒，当众斥责他："董卓是个大奸贼，你感怀他从前给你的私恩，忘掉人臣的大节，你真是该死！"说完就叫廷尉把蔡邕拉下去治罪。

蔡邕赶紧承认错误说："我即便不忠，也是知道大义的，怎么会背叛朝廷而向着董卓呢？刚才是一时说走了嘴。我自知罪大，愿请罚我脸上刺字、刖掉双足，保存我的一条性命。这样，我可以把《东观汉记》写完。"

旁边的公卿都怜惜蔡邕的才华，为他说情。太尉马日磾听说此事，赶紧坐着马车跑来了。他对王允说道："蔡伯喈是旷世逸才，应当让他把汉史写完，成一代大典。而且他历来忠孝，你杀他是说不过去的，恐失人望。"

王允很知道宣传的重要作用，便说："从前汉武帝不杀司马迁，让他写历史，结果写的全是诽谤皇帝的，流传后世，影响非常不好。现在国家形势不好，国祚中衰，戎马在郊，你让这样的佞臣在幼主身边写历史，还不把我们这帮朝臣都给讪谤非议了！"

马日磾默默退下，对旁人说："王允恐怕活不长了，太缺德了。"

王允以维护政府班子形象为借口，扼杀了蔡邕的著述自由。他希望政府形象是光明正面的，这样才能有助于国家度过当前危乱的局面。他担心蔡邕会写董卓的好话，而对董卓的好话，会对现在新一届政府的形象不利，而这又会对国家存亡不利。于是就杀了蔡邕。

一时缙绅儒生们听说了，莫不流涕。

杀完以后，王允又后悔了。蔡邕时年60岁。

殊不知，王允要后悔的事，还有很多。

当时，百姓们传说朝廷要杀尽凉州人。董卓原部下们也传蔡邕只因为叹了口气，就被杀死，可见朝廷马上要对凉州人动手了。恰逢此时，吕布又杀死了牛辅。李傕等人见失去依赖，便马上向王允求赦免。而王允竟然回答："一年不可赦免两次。"李傕等人非常恐惧，立时收拾铺盖卷，想要跑回老家。一个凉州武威郡叫作贾诩的，喊住了他们。此人时年45岁，现为军中谋士，少时就被人们比为张良、陈平，是个一流的谋事家。他对李傕等人说："你们如果散了，一个普通的亭长都能把你们给捆起来。我听说长安那边到处在杀西凉人，而且迟迟不见赦免你们的诏书，不如催动军队往长安杀过去，给董公报仇，看看运气。若运气不好，再散伙不迟。"

李傕说："说得有道理！"于是带着兵往西走，一路上不断收编一些散兵，过函谷关到长安时竟然已有了十几万人马，旌旗招展地把长安城合围起来了。

王允见状便派从前董卓的部将徐荣和急性子的胡轸出城迎战。结果徐荣斗死在阵前，胡轸则不愿意给王允卖命，立时投降了李傕、郭汜军。

吕布已经封为奋武将军、温侯，与王允共掌朝政，当即出城与西凉军对战。双方列开阵形，吕布一催赤兔马，前进一箭之地，喊道："对面听着，都说你们西凉军中，有个小子，名叫郭汜，名震关陇。如此乱打没有兴致，郭汜敢出来与我单独共决胜负否！"

这就是单挑，就是一员大将单对一员大将，而不是在中军指挥全场。这情况实际中很少，但这是其中一次。

那郭汜的确是西凉军第一猛将，听到吕布点名叫他，当即觉得又有面子又激动，禀明李傕后，应声而出。

双方各自约束阵形后撤100步，留出中间的空场。郭汜长得雄伟彪悍，一催坐下马，举着西凉长矛，飞马就朝吕布冲来。吕布持长矛，盘马上前，与对方杀在一处。两方战马腾起烟尘。马上飞舞兵器格斗的双方，呼呼怪叫，一个力比大猩猩，一个猛似有角马，声声高亢的啸叫刺人双耳，兵器的猛烈撞击更是揪心震胆。

郭汜毕竟技逊一筹，被吕布瞅了个空当，一矛刺在了肚子上。郭汜暴叫一声，长矛也扔了，调转马头就往后跑。

吕布催马就追。

后面的西凉兵一看，主将要没命啦，也不管游戏规则了，一群人催马就拥上来，救了郭汜。

吕布见状也就舍了不追，盘桓炫耀一番，得胜回城去了。随后，西凉兵又来攻城。

西凉就是凉州，也是天下十三大州之一，包括今甘肃和青海的一部分，因为在中原的西面，所以被称为西凉。当地多羌人、氐人，东汉后期数十年多叛乱，朝廷屡次讨伐，花费甚多。董卓及其部将都是讨西凉叛羌而起来的，董卓和部将本身也是西凉人，部卒也多募自西凉，作战经验丰富。

这些西凉人有着坚忍不拔的精神，发动了一波又一波的进攻。虽然城上的吕布军抵抗非常顽强，但抵抗了十天城还是被攻破了。吕布在长安城中展开巷战，最后还是被李傕赶了出去。

王允扶着天子到处跑，最后没地方去，上了东城宣城门门楼。李傕看见了，就在下面率众磕头。汉献帝这时候12岁，是个早熟少年，说："卿放纵士兵纵横，意欲何为啊？"

李傕、郭汜等人说："董卓忠于陛下，却被吕布、王允所杀。臣等替董卓报仇，不是想要叛乱。请让我们完成报仇目的，然后自去廷尉接受治罪。"

吕布已经跑了，好多大臣也被杀了，就剩王允还"逍遥法外"。因此李傕逼着汉献帝交王允出来。王允走投无路，只得下城，自己和老婆孩子十几个，被杀掉了。

据说王允死后，长安城里的男女老少都为之流泪。不过，这些人马上就要为自己流泪了。长安城里这些刚刚庆祝董卓被杀的欢天喜地的百姓倒了大霉了，李傕占据长安以后，放纵士兵烧杀抢劫。长安老少，数年间被杀得百不剩一。汉献帝被迫封李傕、郭汜、张济、樊稠4人为大官，主持朝政，国家大事都由他们说了算。对于东方州郡，李傕等人命州郡捉拿，许以金银。为了避免孤立，4个人也拉拢和拜受一行州郡长官官职，也批州郡的上表。所以，从行政体系角度来讲，国家倒还依旧像个国家。

第十三章

曹操与刘备的第一次交手

且不说李傕、郭汜攻入长安，专擅朝政，让我们再转回东边。

话说曹操劝说袁绍西进去救汉献帝，袁绍就是不肯。曹操则独木难支，尝试了一两次，怎么也西去不了。然后他只能跟着袁绍北上去接收韩馥的冀州。不久，黄巾军的余党，趁着天下大乱，又蠢蠢欲动了。太行山地区出现黑山军，他们把袁绍的地盘搅得不宁。不久，黑山军又向南侵扰中原北部的东郡。

东郡的郡治在河南濮阳，袁绍离得太远，便派曹操往东郡去扫清黑山军。曹操巴不得获得一个芟夷杂草、开辟地盘的机会，就三个拳头、五个硬腿地跟黑山军干起来了，最后把黑山势力踢了出去。袁绍便顺水推舟上表朝廷，让曹操做了东郡太守。当然，曹操仍然算是袁绍的部将，因为这个官是袁绍申请封给他的。

东郡太守这个官也不大，只是一郡之长，几个县的面积。而现在袁绍是北方一州之长，下辖九郡。东郡的上级是兖州，内含五郡三国，地处河南山东交接部。

转到了公元 192 年六月，李傕、郭汜杀入长安为董卓报仇并且占了长安架持着汉献帝时，那边东郡的上级兖州刺史刘岱也遭到黄巾军 100 万人的攻击。刘岱被打急了，就声称要展开决战。

兖州济北国相鲍信不同意，建议坚壁自守。刘岱不听，非要应战，结果被黄巾军打死了。

兖州一下子群龙无首。曹操属下的东郡人陈宫，字公台，就跑来说："曹操是旷世奇才，推举他当州长，所有生民就安宁啦！"

济北国相鲍信本来就与曹操相熟，也在旁边极力劝说，副州长和州长助理就不犹豫了，去东郡迎接曹操来当兖州刺史。曹操乐坏了。副州长和州长助理二人都去北面的冀州，请示袁绍。袁绍立刻表示同意，遂上表朝廷，表封曹操为兖州牧。于是曹操这个兖州东郡郡守，平步青云，一下子成了兖州州长，即兖州牧。

曹操兖州牧貌似和袁绍冀州牧平级，但由于他这官是袁绍表封的，可以说实际上依旧是袁绍的下属，或者也可以理解成袁绍叫自己的部将去做了兖州牧。

曹操升官以后，留下族人夏侯惇守东郡，做东郡郡守，陈宫也领兵屯在东郡，曹操自己带着家小，东行 50 千米，到兖州州治鄄城讨伐黄巾。他带着 1000 多步骑兵向东到寿张县奔袭黄巾大本营。他以为黄巾战败刘岱后会懈息。结果半路遭遇大量黄巾军，曹操军众当时被杀死数百，大恩人鲍信也为掩护曹操突围而阵亡。曹操没有找到鲍信的尸体，只好用木头刻了他的形状，哭着祭奠他并把木人埋了。

鲍信部将于禁，字文则，兖州泰山郡人，于是成为曹操新的陷阵都尉。这时候，黄巾军移营来攻，兵皆精悍；而曹操下面老兵少，新兵不习战，无不骇然。曹操亲自披甲戴胄，巡按将士，明劝赏罚，士气方振。然后，曹操发挥自己的兵法特长，屡屡发出奇兵，以少胜多，昼夜会战，每战必大有擒获。

仗一直打到了冬天。黄巾军的战术不行，虽然人多，却受不了曹操的消耗战，只得被迫投降。曹操收编了其中的 30 万人，号称"青州兵"，成为自己的一支骨干部队。

这些黄巾军是从青州而来的，所以叫青州兵。他们都带着家属，男的战斗，女的生产，自筑坞堡，几万人住在一个坞堡中。他们自加入曹操以后，也是延续这个战斗和生产合于一体的组织形式，只不过曹操后来把妇女家属们集中到后方一些城邑定居，在那里种地，既解决了兵粮问题，还成了人质，使前线士兵不会哗变。而且，生下了儿子，长大也可以加入青州兵。

这时候，一直在南阳郡腐败的袁术，在这个户口上百万的富裕大郡里，强征厚敛，搞得民不聊生。他又恨自己的堂兄袁绍一直跟自己作对。他够不着袁绍，就去联络袁绍北面的敌人——幽州公孙瓒。公孙瓒派山东青州的平原国相刘备向西兵进高唐，部将单经顶着兖州刺史的名号入屯平原国，又联络了盟友徐州牧陶谦发兵兖州、冀州交界的发干，以逼袁绍，并威胁袁绍的支属曹操之兖州。曹操当即跟袁绍联手，把他们皆击退。

随即，袁术亲自在冬天北上，从南阳郡向北穿越豫州，杀向兖州。

时间旋即到了第二年，公元193年一月，袁绍忙联络袁术南边的敌人——也是自己的盟友荆州牧刘表，要求刘表发兵北上，断袁术的粮道。袁术也不管了，继续北上，攻入兖州南部陈留郡屯扎。曹操毫不犹豫地再次跟自己的老大袁绍联手，把悬军远来、后路不安的袁术军打得大败，一路追杀，把袁术一直打到了东南方向，往扬州逃去。

随后，袁术杀了扬州刺史陈温，夺据扬州州治安徽寿春，自领扬州牧。

这里的扬州不是现在的扬州市，而是当时天下十三州之一，跟兖州平级。扬州下设八郡，地辖今江南及东南沿海的大片地区，包括江苏、浙江、福建以及江西。袁术到了扬州，钻入江北的九江郡（寿春也在该郡），占了这里，但其他各郡长官都是朝廷任命的，并不听令于袁术。

另一边，曹操算是在兖州稳定下来。

看到儿子发迹了，正在琅琊避难的曹操老爸曹嵩就想带着妻妾投奔曹操。当时，曹家因避乱而住在东边徐州牧陶谦的地盘。于是，曹操命自己属下的泰山郡太守，就近派兵去曹家接人。

曹嵩收拾了足足100多辆车的辎重，正当这些车走到阴平的时候，突然遭到袭击。原来是被陶谦的一名部将半路劫杀。最后，曹嵩被杀，100多辆辎重也被士兵们抢夺得一点不剩。

曹操知道这个消息后痛不欲生，满门无辜的死，令曹操的反社会人格从此爆发。当时正是公元193年秋天，秋风正紧之时，曹操点集人马，从兖州向东进攻徐州，去讨伐陶谦，为父报仇。徐州包括山东南部和江苏北部，跟兖州是邻居，曹操打它也是为了占地盘。曹操大军势如破竹，一连攻拔 10 多个城池，在彭城大败陶谦主力，陶谦只得往徐州腹地的州治郯城败去。

陶谦在这里站定之后，疯狂的曹操怎么也攻不进城去。于是就到附近展开大屠杀。他到南边不远的江苏北部取虑县（今安徽灵璧）、睢陵县（今江苏睢宁县）、夏丘县（今安徽泗县），连屠三城，杀死男女口数十万人，鸡犬不留。泗水本是当时的一条大河，因尸体堵塞，造成断流。另有一种说法来自《三国志·陶谦传》，说曹操在彭城大战时，斩杀陶谦军数万，导致泗水断流。

与此同时，刘虞被杀，幽州也陷入更加混乱的境地。之前，刘虞和公孙瓒积怨不和，公孙瓒屡次与袁绍相互攻战，刘虞进行调停，却没有一次有用的。因此，刘虞逐渐减少了给公孙瓒的给养。结果，愤怒的公孙瓒屡屡违背刘虞的命令，一再侵扰百姓。

刘虞见无法节制，便派驿史奉上奏章陈述公孙瓒残暴掠夺的罪状。而公孙瓒听说了，也上奏刘虞克扣军粮的事实。两人的奏章交替呈上，相互诋毁，朝廷则敷衍了事。公孙瓒见此情形便在冀城东南修筑小城居住，刘虞多次召他来会，公孙瓒都称病不应召。刘虞害怕他背叛自己，于是率本部所属兵马共一万人讨伐公孙瓒。当时，公孙瓒的部下正在休息，见刘虞领兵到来，仓促间挖开东城逃走。

本来应该一边倒的战斗，此时却发生了逆转。原来刘虞的部队很少操练，几乎不会打仗。刘虞又下令不准随意纵火烧毁房屋，下令活捉公孙瓒，所以久攻不下。公孙瓒见状，马上挑选勇士几百人，趁风纵火，朝刘虞的部队冲去，结果刘虞的部队全军覆灭。

公孙瓒乘胜追击，抓捕刘虞返回幽州继续让他处理州府公文。不久又诬陷刘虞"想自立为帝"，并胁迫献帝派遣朝廷使者段训的罪名，在蓟县街市上斩杀刘虞。

刘虞广得人心，听闻刘虞去世消息之后，无论是本地人还是迁移来的百姓，无不为之悲伤。

眼看到了下一年，即公元194年，曹操仍旧和陶谦纠缠不休。他的兵马一连拔掉五城。陶谦急了，赶紧向北面的青州告急。青州刺史田楷听说后，立刻带着刘备来相救。

之前，刘备带着关、张二人来到青州，帮着田楷开拓地盘，西拒袁绍，数有战功。当年冬天，田楷就上报公孙瓒，公孙瓒便把刘备升为青州平原国相。

平原国的一个豪民刘平看不起刘备的草民出身，觉得刘备不配在这里当一把手，就派人刺杀他。结果刘备在不知情的情况下厚待了刺客，把刺客感动坏了，反倒挟着宝剑跑了。

刘备能得人心如此。因为受了青州黄巾的肆虐之苦，当地人民饥馑，刘备就对外防御，对内积粮厚施。即便是最低等的士人，刘备也和他们同席而坐，同案而食，所以人多来附。另外，刘备还叫关羽、张飞都做了别部司马，分统部曲，平时哥仨还是同床睡觉，同桌吃饭，当然在各种公开场合，关羽、张飞还是垂手侍立，终日不倦。因为刘备已经是郡守级的官了。

当时，青州治下有个北海国，长官孔融是个名满海内的大名士。他是孔子的20世孙，4岁就知道让梨。一些黄巾余党听说孔融很和气，就跑去打孔融。孔融觉得自己名气大，也不在乎，就在城里守着，每天念书喝酒。

青州还有一个英雄名叫太史慈。此人21岁的时候给郡里当高级通信员，负责往州里递送材料。这一天，郡守对他说："州里边有件事没完成好，把责任都推给咱们郡了。现在朝廷要查这件事，州里边的材料已经递往京城了，我担心咱们递晚了，就有理说不清了。"

太史慈说："那我抓紧跑一趟，争取赶在他们前面交上去。"

于是太史慈揣着材料，骑上快马便往洛阳跑。太史慈不分昼夜地跑了六七天，到了洛阳，来到接待办门口，正看见州里的官吏也刚刚到这儿，已经求门官通禀，正等着呢。太史慈下马，过来就把州里来的官吏的材料抢过来撕了。然后他又假装认错人了，向官吏道歉。气得州吏没办法，州里边听说材料没报上去，赶紧再派人报，但是已经逾期不受理了。太史慈的材料先入为主，朝廷根据他的说法，先一步判定州里理短，郡里无责，把处理意见下发了。

这件事情传出去了之后，太史慈立刻蜚声州里，一下子成了名人。

太史慈出名以后，北海相孔融也知道他了，心里觉得这个年轻人真是另类得可爱啊，就多次派人给太史慈的老妈送点心，一并慰问太史慈。但是太史慈因为惹了州里，只好避祸去了辽东，所以孔融派来的使者他也没见到。

不久，太史慈从辽东回来了，老妈急急地告诉他说："坏了，不好了，孔融被黄巾围上了，人家一直关照咱们娘俩，你不能知恩不报，快过去看看能帮什么吧。"

于是，太史慈背着包袱皮赶奔北海国的治城去了。到了一看，黄巾军围得还不严，趁夜从营寨间防守不严的间隙穿过去，进了北海国治城。

太史慈见了孔融，说明来意，便与他商量，不如先派一些兵马冲出去，打打黄巾军的士气，然后再全体出击，一定能打败黄巾军。孔融不同意，认为应该等州里的援兵才对。

太史慈看无法说动孔融出击，只好等着。等啊，等啊，但州里根本不来人。最后，黄巾军越围越密，想出也出不去了。孔融这才急了，说："我听说平原国相刘备，是个讲义气的人，虽然没交往过，但是向他告急，多半能来。"

孔融可能跟其他郡的关系都不好，以至于只能请外来户的刘备来帮忙。

可是部下的将官，一听说要出城求救，都个个往后缩，力陈出不得城去："很久没有人出去了，出去就得死啊，现在出不去啦！"

孔融只好作罢。

不料，太史慈听到此消息，自告奋勇跑上来说："您下令好了，我愿一人带书信出城。"

孔融一愣："现在贼众围城甚密，众人都说出不去，你主动请缨，虽然精神值得表扬，但闯出去无乃太难乎？"

太史慈正色说："我妈让我来的，说是报您的知遇之恩，别人说出不去，我也说出不去，这岂不是对不起我妈妈遣我来的用意吗！"

孔融甚壮其言，当即给他严密准备，然后派了两个兵跟着他。

次日黎明，太史慈跳上战马，带上雕弓。身后跟着两个兵，打开城门，直冲而出！

黄巾军惊骇，呼啸着数千兵马立时围拢，猛然向太史慈冲过去。太史慈一声怒吼，弓矛并举，呐喊一声："哪个敢挡我东莱太史慈！"喊完，掉转马头就跑回城里了！

这一动作太无厘头了！

第二天，太史慈再次跃马狂呼，连发两箭。黄巾军有的起床了有的还卧着，就听太史慈再次大喊一声："哪个敢挡我东莱太史慈！"喊完，"腾腾腾"地又钻回城里去了！那些要起床的，也撂下裤子，卧回床上去了。

第三天黎明，太史慈又出来了。只听又一声呐喊："哪个敢挡我东莱太史慈！"所有睡觉的黄巾军，没有一个起来的。他们心想：你这个东莱太史慈，谁爱挡你谁挡你吧！结果太史慈鞭马直突，射杀几个哨兵，跃马突营而出。黄巾军就听哨兵一阵聒噪，这回太史慈没往城里回跑了，方才明白上当，可是太史慈已经突营而出。黄巾军立刻呼啸着光着膀子上马，拍马直追太史慈。太史慈身高七尺七寸（184厘米），猿臂善射，弦不虚发。见人来追，便立定战马，侧身左右射击，当即射杀数人，后面的人吓坏了，不敢再追。

太史慈在众人瞠目结舌中，一溜烟儿跑远了。

到了平原国的治城，太史慈见到刘备后便是一番陈词，生怕刘备不肯来："我太史慈，本是东莱郡的乡野之人。我跟孔北海非亲非故，亦非乡党，更非骨肉，但是与他名志相投，愿分灾共难，不惜冒白刃，突重围，从万死之中闯来，只为来见刘府君。因为孔北海认为您有仁义之名，能救人之急，他笃信于君，遣我而来。他于区区困城之中，延颈以望您，唯求府君保存北海，救之!"

这里太史慈把自己和刘备相比，如果刘备不救，那就是连一个东莱乡野之人的境界和义气度都没有了。

刘备当即正色敛容，起身答道："英雄! 孔北海竟也知道世间有一个刘备耶!"意思是，孔北海知道我，我就是为了这种知道和信任，也要冒死救他。

于是刘备约集关、张二人，点齐三千精兵，鸣鼓杀向北海解救困城。黄巾军一听说有官军赶至救援，没等三千兵马到来，就跑了。

事后，孔融牵着太史慈的手，动容说："卿真是我少友也!"太史慈由此知名，还报母亲，母亲苍老的面容露出微笑："我喜欢你能以报孔北海也!"

刘备由此也蜚声青州，因为孔融这样的大名士，愿意指定去求一个区区无闻、草庶出身的刘备来相救，那真是给了刘备荣光和曝光率了。刘备的可见度由此上升。那句"孔北海竟也知世间有刘备邪"既是感遇，也是透着意外之喜。

随后刘备待在青州无话。

尽管在接到南边徐州陶谦的求助后，刘备就跟着青州刺史田楷南下，去救陶谦。但他们未必是喜欢陶谦，救援的主要原因是陶谦如果被曹操灭了，曹操的势力会迅速壮大，将会威胁青州。并且田楷、刘备是帮着公孙瓒从东面围攻冀州袁绍、曹操的，徐州牧陶谦也一度帮忙，再加上南边的袁术，实际上是从北、东、南一圈围攻袁绍、曹操这一集团。公孙瓒、田楷、陶谦、袁术，是一个联盟阵营。袁绍和下属的曹操是一个阵营。袁绍、曹操据有冀州、兖州，居中线，袁术、公孙瓒那一圈联盟则居于北、东、南外线。由于袁绍的感召力不足，结果愣是叫袁术分裂出了一个阵营。

田楷和刘备南下，刘备带了1000多兵马，还有从幽州公孙瓒那里得来的乌丸杂胡骑兵。即便如此，刘备仍觉得自己的士兵还不够多，结果就散发大饼，弄到了数千饥民也跟着他，以壮行色。结果这些饥民除了吃什么都不能干，反倒需要陶谦赞助给了他4000名丹阳兵才完事。

刘备凑得了5000多步兵和若干乌丸杂胡骑兵，在郯城附近再次跟曹操大军展开厮杀，最终毫无悬念地被曹操杀得大败。

曹操正准备继续攻击刘备，忽然听说自己的部下、留守兖州的陈宫和张邈竟造反了。这两人招吕布进来，占了自己的兖州。曹操大惊，心想陈宫为什么会反我？以前陈宫是极力帮着我曹操取得兖州的人啊！张邈也是自己少年时的朋友和老战友啊。是不是因为自己残戮百姓、不仁不义，他们看不过去，方才背叛我。

至此，曹操的反社会人格，方才慢慢纠正过来。从去年秋以来一直热着的脑子方才开始冷静。这场疯狂盲动的复仇、拓地之战，使得自己不但没占据徐州，还众叛亲离、丢了兖州的根据地，最后还被陈宫、张邈给深刻地上了人生的一课。

刘备这时候33岁，看到39岁的曹操的这些行为，就暗自下决心：我以后要处处跟曹操反着做：曹操苛急，我就宽缓，曹操暴虐，我就仁义，我总与曹操相反，大事方能做成。刘备虽然被打败了，但是学到了这些东西，感到非常高兴。高高兴兴被陶谦接进郯城里去了。

陶谦很喜欢这个刚刚打了败仗的刘备，劝他当自己的部将。刘备也觉得公孙瓒毛病太多，就宣布脱离公孙瓒，改做陶谦的部将。田楷则回青州继续做青州刺史，帮着公孙瓒抵御袁绍。

陶谦觉得，要想彻底留住刘备，必须给他升官才行。青州刺史职位太低了，于是就上表朝廷，给刘备又申请了一个豫州刺史的空衔。其实豫州已经有刺史了。不管怎么样，刘备从此就改叫刘豫州了。刘备屯扎在豫州地界最东角临近徐州的小沛，勉勉强强算是豫州刺史。

豫州有二郡四国，最东部是沛国。沛国里边有个县叫沛县，为了和沛国区分，沛县也唤作小沛，即从前刘邦的老家。刘备带着关羽、张飞到了小沛，就开始交结豫州士大夫，比如颍川郡的陈纪、陈群父子，这陈纪的爸爸就是那个说"梁上君子"的大名士陈寔。同时刘备还忙里抽闲，娶了小沛本地一个姓甘的美女当小妾。甘小妾长得很白，如同皓月白雪，若干年后她生了一个孩子，就是阿斗。

朝廷主事的李傕、郭汜倒是有可能批刘备当豫州刺史的上表，因为这俩恨着仇人袁绍，所以要找些外援，自然会支持与袁绍对立的，譬如陶谦、刘备这一股力量。

第十四章

错误选择后的错误结果

为什么陈宫和张邈会接纳吕布呢？其实事情是这样的。

两年前，吕布被李傕从长安城打出来，带着数百骑逃出武关。他的身后奔驰的战马上，有一位山西北部雁门郡人，武力过人，姓张名辽字文远，时年 25 岁。

张辽本是并州刺史丁原的部将，与吕布同事。后来吕布杀丁原，张辽便随着吕布一起被董卓兼并。不久，董卓又被吕布杀死，他遂成了吕布手下的骑都尉。

吕布、张辽一行人跑到冀州袁绍那里。袁绍马上接纳了他们，并要求他们一起去打黑山军。黑山军领袖叫张燕，有精兵一万人，骑兵数千。而且，张燕本人轻功了得，军中号称飞燕。而吕布则号称飞将，正好与张燕算是一对。只见吕布骑着赤兔马，带着亲信成廉、魏越几个陷锋突阵，每日多至三四次，次次斩首而还，连战十余日，遂战败张燕。

吕布说："您再多给我一些兵吧，定能把张燕生擒。"

袁绍心想，你要那么多兵干吗，是想干掉张燕还是想干掉我呢？随后，袁绍又听说吕布手下将士喜欢抄老百姓的家，更加不悦。

吕布自认为杀了董卓是对袁绍有功，但不敢在袁绍跟前显摆，就在袁绍诸将面前轻傲。他心说，你们这帮凭关系互相介绍来的，能算个什么？

诸将也不客气，就去说吕布的坏话。吕布看看袁绍这里也不是好待的，就对袁绍说："我要到南方去了，明天就走。"

袁绍吐了一口气，心想这样最好，但是转念一想，如果吕布这样的英雄走了，未来难免就成了我的敌人了，于是派了 30 名壮士，当夜准备以送行的名义暗杀吕布。

当时的人喜欢挂大的帐子，原因是苍蝇多，又没有玻璃窗户。在屋子里挂上大的帐子，就能连床、办公家具、火炉等都罩在大帐子里，更可以防苍蝇和蚊子。

吕布的大帐很宽敞，所以他特意找了个艺人，摆上筝，在里面铮铮铮地弹。这30名壮士因明早要送吕布，这时就卧在帐子外睡觉（帐子虽大，但也装不了30个人）。见大家都睡熟了，吕布偷偷地揭开帐子门，钻出去了。到了半夜，这帮送行的人说，咱现在就送他上西天吧。于是抽出家伙，揭开帐门，进去就朝着床和被子乱剁。待床都要被剁烂了，方才收刀跑回城里。

第二天，袁绍一打听，吕布还好好地活着呢，人家早已经骑马上路了。袁绍吓坏了，赶紧命令四门紧闭，防止吕布反扑。

吕布没有报复的意思，而是一直向南而去了。在他看来，"离开你，就是对你更大的报复"。见吕布已走远，袁绍又命令群侠率众追赶。可是这些人都畏惧吕布，追上以后没有一个敢逼近的。只是给吕布当饯行队伍罢了。由此事能看出，袁绍外宽内忌，不虚言也。

吕布走到河内郡便停了下来，他一度去拜访张邈。张邈是曹操和袁绍少年时候的好友，吕布和张邈畅谈，非常快活。临别的时候，两人甚至把臂共誓。袁绍派在陈留这里的属僚，立刻把这个情况报告了袁绍，袁绍听后恨透了张邈，一直想找机会杀了他。

张邈本是陈留郡太守，陈留郡属于兖州。曹操发迹后，便在兖州做了州牧，成了张邈的上司。张邈很担心，如果袁绍记恨了我，指使曹操来杀我的话，虽然曹操对我很好，但拗不过更上面的袁老大，我还是活不成啊。

曹操当上兖州牧，靠的是属下陈宫说服了兖州的两个州长助理。但不知为什么，当曹操出去打徐州以后，陈宫开始自疑。他感觉曹操对自己别有用心，觉得跟曹操是错了，并且他还跟一些野心家混在了一起，最后干脆决定造反。他去见张邈说："现在雄杰并起，天下分崩，您以兖州的千里之众，控四战之地，抚剑四顾，也足以是个英豪，为什么反受制于人？现在兖州空虚，您把吕布接来，共掌兖州，从此有了一席之地，也可纵横天下了。"

张邈听听也是，干吗要一直战战兢兢地臣服于曹操啊？于是壮起胆子，宣布独立。继而又叫陈宫把吕布接来，让吕布做兖州牧。结果，兖州各城池除了州治鄄城、东郡郡治濮阳等三城以外全部响应吕布、张邈。

荀彧时年30岁，是豫州颍川郡许昌县人，长得清秀优雅，当时官任司马，是曹操留守在鄄城的心腹。曹操的家眷也都在鄄城。荀彧看看形势不好，赶紧去召濮阳城里的郡守夏侯惇——这是个猛人，他跟曹操是本家。虽然小时候学习不好，但知道热爱自己的老师，有一次有人侮辱他的老师，他就把那人给杀了，由此闻名。

曹操从兖州的东郡郡守升为州长时，叫夏侯惇接任东郡郡守，并且屯驻郡治濮阳。见到荀彧来招，夏侯惇连夜从濮阳跑到鄄城，帮着荀彧把鄄城里响应张邈、陈宫的数十个文武将吏都杀了，算是保住了鄄城。

这时候，豫州刺史郭贡带着数万强兵，跑到鄄城城下骂阵，大概是想趁火打劫。郭贡要求荀彧出去谈话，荀彧想都没想便要备车出去。夏侯惇说："不能去啊，去了就回不来了，这家伙肯定是帮着吕布的。"

荀彧说："郭贡和张邈、吕布不是老相好。他来得这么快，主意应该还没打定。我趁他主意未定，赶紧下去说服他。即便不能叫他支持我们，也能保持中立。如果先猜疑他，不敢下去，他一生气，主意就定了，肯定去帮着张邈、吕布了。"

于是，荀彧坐着一辆小车出城了。郭贡一看，荀彧这么自信，想来鄄城不是能轻易攻下的，就带着兵撤走了。

鄄城这里没事了，夏侯惇赶紧从濮阳跑出来。他带的都是轻兵，没有辎重。夏侯惇心里说："我还得赶紧回去保护濮阳呢。"出了城，正撞见了吕布，随即是一场厮杀。吕布有头脑，见夏侯惇主力都在这里，就分一支兵缠住夏侯惇，自己则纵马带兵去夺濮阳，并一举占据了濮阳。

夏侯惇一时成了"孤魂野鬼"，只好在野外扎营。吕布打算使用诈降计，遂派出几个武功高手，跑到夏侯惇大营里，见到夏侯惇说："我们要投降，我们要投降。"

夏侯惇过来搀扶，刚要说你们几个还算有良心。不料这几人一下腾起，就把夏侯惇给治住了。

旁边的侍卫全傻眼了，叫嚷着跑出去，不好了！不好了！夏侯将军被人扣住脉门啦。一听主将被劫持，全军震恐，眼看就要炸锅。甚至有些人已经准备抢行李，四散逃命。只见部将韩浩一手拥盾，一手提剑，跑到夏侯惇营屯的门口，派人在各营呼号，召集军官全过来，命令他们按住本部士兵不许妄动，各营屯才慢慢安定下来。

韩浩大踏步闯进帅帐，就见夏侯惇被按在地上。韩浩大声斥责那几个按住夏侯惇的高手："你们凶逆已极，胆敢劫持将军，你们还想活命吗？我受曹公命令，讨伐贼人吕布，岂能因为顾惜一个区区将军的性命，就放纵你等吗！"

高手们没想到韩浩会这么说。接着他们又见韩浩当即哭了，朝着夏侯惇说："夏侯将军，有新颁布的国法，没有办法了！"

夏侯惇一愣，心想你不解救我啊？

原来，从前太尉桥玄的小儿子被坏蛋劫持，来救援者一时不敢上，最后冲上去了，贼人和小儿子也都死了。于是汉灵帝下诏："以后遇上劫持人质，都连贼带人质杀上去，不许赎救，使得贼人逞了意。"所以，汉朝有国法，遇上劫持人质，不管人质死活，都要朝劫持者杀上去。但实际情况是很少执行。

韩浩点点头，说："明年今日，我就到你坟上祭奠你！"说完，韩浩喊道："来人啊，给我上去，全杀！"

士兵们扑上去就拿着长矛大戟往高手们身上招呼，高手们擎着从夏侯惇腰上拔下的腰刀，本欲砍夏侯惇，又觉得这不管用；欲抵挡长矛大戟，也不够用。最后想出了个办法，就是全部扑在地上，叩头忏悔："求将军饶了我们一命吧。将军饶命啊，我们被吕布派来是无奈的啊，不敢伤害将军啊，只是想跟着将军勒索点钱财，回家当路费的啊！"

韩浩上前收了他们的兵器，命人逐个捆了。旁边士兵则赶紧把夏侯惇扶将起来。

韩浩把这几个诈降将官，一顿数落责骂，最后又把这帮哭着的家伙全斩了！

不久，曹操急惶惶地带着青州兵从徐州回来，见到韩浩，听取了汇报，又去看望了又羞又气的夏侯惇。夏侯惇说："今天栽得这么惨，我想不活了，哇……"

曹操不管夏侯惇，赞赏地对韩浩说："卿这个办法，真是开创了万世成法啊。我下令：自今以后，有任何劫持人质的，旁人都当上去奋击，不用管人质死活！"

从此以后，劫持人质的事在曹操军中就再也没发生过。那些想勒索个军官，或者军人家属，以谋取财利的，都怕玉石俱焚而死了心。

然后，曹操召集部将，宣令进攻濮阳吕布。诸将都惧怕吕布，曹操安慰大家说："吕布得了兖州，却没屯扎在濮阳以东二百里的东平，派兵断绝那儿的亢父、泰山险径来阻击我，而是驻扎在四面平地的濮阳，我一看就知道他是无能之辈！"

诸将一听，还是跟着我们老大好啊。曹操即便在军旅之中也手不释卷，熟读古代兵书，颇知地理。《战国策》上苏秦曾经说过："亢父之险，车不得方轨，马不得并行，百人守险，人不能过也。"亢父这个地方，在山东济宁以南，是鲁南山区险道，两辆车无法并行、两匹马无法并驾，战国时代和刘邦时代都是兵家争据之所。如果在那儿堵住曹操，使曹操在徐州回不来，吕布就能更好地坐稳兖州。

第十五章

吕布为何没有抓住曹操

濮阳，位于今天河南省东北部，据说是远古颛顼帝的帝都，可以说是座非常古老的城市了。公元194年六月，曹操率领着有限的军队——当时整个兖州只有3个城还听他的了，像涓涓细流一样向濮阳城而来了。

曹操很快便把濮阳城围了起来。濮阳城的城墙厚度常达二三十米，城门里边还有悬门，城顶上有城楼、有女墙，沿墙摆设各种花样翻新的守城器具，如转射弩机、渠答、藉幕等，甚至连农业生产灌溉用的桔槔都搬上去了。中间是木桩，横的木臂一端悬挂重物，利用杠杆原理转动另一端，用重物去撞对方刚刚搭上来的云梯或者人。又有转射弩机，二十步树一个。这东西像机枪的枪座，六尺高，其中一尺埋于地下，有槽有架，可旋转，把弩插上去，可以左右上下转着朝下面射击，就像机枪一样，射击者旁边还要配一个助手。同时，渠答也很管用，就是一丈三尺长的木桩上挑着的大木架为骨做成的帆幔，可以挑出去，遮挡城下用于掩护登城者的飞箭，木幔上的箭还可以拔下来再用，最后还可以点着了，扔在登城者的身上烧他们，这种东西长一丈二，宽九尺，每一丈二就设一个。另外，藉幕也是类似的作用，可以用人牵着上面的木梁，上下遮挡来箭。至于大铁锅里烧热了的沙子，也隔十几步就摆上一锅。抛石车和一堆堆的石头，也预备在城上。

可见，这些都是招待攻城者的好东西。曹操以乐进、于禁为先锋，进攻濮阳城。可是曹操一波波的连续进攻，都被打了回去。乐进字文谦，老家就在濮阳这一带，虽长得五短身材，可胆子比身材大得多。正因为他胆烈过人而被曹操选为陷阵都尉，就是打先锋的意思。他曾经一度攻到了濮阳城墙顶上，先登有功，但是大约人家欺负他个子小，又被打下来了。于禁字文则，从前是鲍信的部将，现在也担任陷阵都尉，铲除了濮阳城南的两个吕布军营。这俩都是曹操未来的五虎上将之一，其他 3 个还没有收服来。如五虎上将排名第一的张辽这时候还在给吕布当骑都尉。

曹操从前当东郡太守时曾经在濮阳待过，因此跟城里的一个大姓田氏有交往。所以这家人打算给曹操当内应。陈宫对吕布说："这个老田，是曹操派来的间谍，我们正可以利用他。"

于是，吕布把老田和其他一帮大姓叫来说："你们效命国家，帮助守城，有钱出钱，有力出力，是作为百姓的本分。老田家的，你们家人多，带着部曲，去给我守东门。还有谁谁谁，分别帮助官兵守别的门，破贼以后，必然有赏。"

老田高高兴兴地带着部曲家兵，跑到东门。在东门他们使劲拆民房，搬运人家的石料木头从马道运到城顶上，预备往下砸。这一天夜里，老田规划好了，便派自己的心腹管家，从城头偷偷垂下，跑到曹操的营里，对曹操说："美髯公啊，当年您和我们家主，一起比过谁的胡子漂亮，您还记得吗？如今家主修书一封，给您送来啦！"

曹操打开书信一看，田家主说："吕布贼人派我等守东门，拿着东门的钥匙呢。您定个时间吧，最好是夜里，偷偷地进来吧，我们给您开门。"

《三国演义》里我们总看到曹操所向披靡，其实在《三国志》中记载，曹操也经常打败仗，而且打的败仗一点都不比刘备少。作为"常败将军"，曹操听到后大喜。

到了约定的夜里，曹操带着所有步骑兵，骑马往濮阳城下去了。东门城下果然静静悄悄，前头部队跟城头一接触，大门就被守在那里的田氏打开了。曹军一拥而进。曹操说："给我焚烧东门，军队今番进了此门，力战求胜，不再出来了。"曹军立刻焚烧东门，以示没有返回之意。

一切都很顺利，因此变得奇怪。曹操刚刚进了城中主街，就听前面金鼓齐鸣，喊声如雷贯耳，只见吕布带着张辽、高顺、成廉、魏越诸将，全副武装，从四面埋伏地点呼杀而出。曹操并不慌乱，骂道："果然被竖子算计，赶快收拢结阵！"

就见吕布、张辽大批骑兵如林而至，这些人都是从前打黑山军张燕时候磨炼过的，此刻正对着曹操的青州兵猛冲过来。骑兵结队冲锋，气势磅礴，人畏其猛，莫敢对当，青州步兵当即被撞倒并踩踏。这些青州兵一贯有流寇作风，打不过就跑，因而见势不妙，掉头乱奔。乐进、曹仁等人，也都招募有自己的部曲，虽奋勇镇静，但被青州兵一拐带，也阵形散乱了。乐进、于禁、曹仁、夏侯渊约束部曲力战，城里展开了一场白刃厮杀。曹军中戟丢尸，辗转蹈藉，曹操挺着长戟挥军搏杀。吕布的骑兵如狂风到处奔踏。曹操身边的士卒死的死、逃的逃，曹操正待拔马逃跑，就见旁边有 30 条长矛都追着自己的后脑过来了。为首的一个将尉，快马立至，撞到曹操身后，一把揪住曹操皮甲的盆领，另一手持矛拟住曹操。曹操浑身酥软，那将尉喝问道："曹操何在？"曹操心说："啊？你问我，我问谁啊？"赶紧说道："前面骑黄马者便是！"将尉听说，觉得离开一点距离，再用矛刺他太浪费时间，就弃了曹操，纵马向前追赶那个骑黄马的。

曹操检查自己的脑袋还在之后，木愣了一会儿，赶紧拐向小街，转往东门跑。到了东门一看，火还在烧着呢——都是刚才他自己放的。曹操把马往后勒了几步，然后喊声"驾！"这马经过一段助跑，就准备跨栏而出。

只见马儿腾空而起，但撞在了门楣横梁上，然后曹操直接从马背上掉了下来。

曹操掉在地上，两边都是燃烧的门梁木，曹操的胡子眼看就要烧光了。曹操赶紧用右手护住胡子，用左手去推火梁，手掌立刻被烧得疼痛难忍。"天亡我也！"曹操刚要哭，旁边司马楼异正巧赶到，飞身下马，助曹操逃出了濮阳。

此时，曹操听后边一阵阵呼叫，吕布军竟然冲出燃烧的大门，远远追来。

曹操拐向农田小路，逃回大营。其他残兵败将早就逃回来了。见曹操回来，众人方才略略安心。曹操怕大家以为自己已死，包扎伤口后，亲自到各营围劳军，大谈大笑。

曹操发现自己的粮食快没了，想想不如干脆向冀州的老大袁绍求救。袁绍很热心，答应发兵，但条件是曹操必须把家小都送到邺城去。实际上就是当人质。曹操打算同意。下面的东郡人程昱连忙说道："不能送去啊。袁绍拥有北方燕赵之地，有并吞天下之心。将军觉得能长期做他的属下吗？以您的龙虎之威，怎么能去做韩信、彭越这样的角色呢？"

曹操苦笑道："现在事急，兖州都丢光了。不求袁绍，我都活不下去了。"

程昱说："兖州也没有丢光啊，还有三个城呢，您麾下能打仗的，有胳膊有腿的，也有不下一万人。有我和荀彧一起帮着您，霸业可成，吕布可破，您还是不要委质受制于袁绍啦。"

曹操想了想，虽然自己是袁绍的下属，但如果把老婆孩子送去邺城，那一辈子就甭想脱离袁绍，另起炉灶了。

最终，发使者回绝了袁绍。袁绍又是很生气，暂且不提。

曹操思考，既然濮阳不好攻，就先扫清外围吧。濮阳以西25千米处有一个吕布的军屯，曹操打算乘夜去偷袭它。

这一次曹操组织比较充分，猛攻了一夜，终于到了天亮的时候把它拔下来了。随着鸟雀喳喳地开始乱叫，濮阳城里的吕布也得到了消息。他亲自带兵，从三面复攻这个军屯。曹操本想烧了这个军屯，然后赶紧回去，不料已被吕布堵住了。曹操只好依据军屯所在的高地，与吕布再次展开厮杀。吕布亲自持戟搏战，双方的虎将熊兵从黎明一直打到日落，互相冲杀了数十个回合，相持甚急。

到了傍晚，曹操说，不能再耽搁了，再不走，肚子要饿瘪了。于是组织敢死队。其中，带头第一个应募的便是典韦。

只见典韦和这些敢死队员，都穿上双层铠甲。当时的皮甲叫作两裆铠，就是像两块门帘子似的，胸前后背各披一块，中间结纽系好。他们从死尸身上扒下皮铠，给自己前后各挂两条加固的门帘子。盾牌拿着太费力气，全都扔了，只持着长矛撩戟。典韦手大，拿了十几条戟，如同挟了一捆柴火。

这时候，不等突围，第四面也就是西面的吕布军也扑上来了。典韦马上就带人往西面去挡，吕布的人看见典韦等人拿弓挟弩的，就乱箭俱发。典韦见状，坐在一个坑里躲避，头扭向东边。只见那些火箭飕飕地烧亮了半个天空，当火箭射完，持长兵器的开始进攻。典韦平时不爱说话，此时方才对身边随从说："等贼虏来到十步的时候，你再告诉我！"

随从趴在坑沿上，拿着木质望远镜说："现在已经十步了！"

典韦说："五步再告诉我！"

从人吓坏了，不等到五步，就死命大喊："贼虏已经到啦！赶紧吧！"

典韦逞起雄威，手持十余只大戟，大呼长啸着从坑里蹦起，好像狂风一样，飞戟向敌人的身上马上投去，一戟一人，步兵无不倒噎，骑兵无不坠马。直到最后放慢了间隔，朝着吕布兵比画着不投，吕布兵左躲右躲。最后典韦终于投出一戟，又是一人中戟。典韦投杀了十数人，随从赶紧又把更多的戟搬来。吕布的人终于害怕了，端着大戟，一步步倒后退去。

典韦完成了自己的使命，随后又端起长矛，和敢死队员齐声呼啸："不怕死的都跟我来！"吕布军睁大眼睛，就如同看见鬼一般，望风奔逃，直退到视野以外。

随后天色越发黑暗，遍地都是哀伤，曹操趁着典韦杀退敌兵之际，带着乐进、李典一丁军将，从反方向引军直撞而出，最后平安逃回大本营。典韦随后即被拜为都尉，常引亲兵数百人，绕着曹操的大帐巡行。

第十六章

曹操妙用兵法战吕布

到了公元 194 年秋天，濮阳城下这场旷日持久，足足打了 3 个月的战斗方才结束。这倒不是因为交战双方握手言和，而是当时天旱闹起了蝗灾。人们粮食都吃光了，一斛谷子卖 50 万钱，几乎跟珠宝一样贵。最后只好吃蝗虫度日。

于是吕布、曹操也不打了，各自引兵退到自己城内。

到了第二年春天，蝗虫都被冻死了，两军又开始互掐。曹操向东偷袭济阴郡的定陶，定陶太守退保南城，曹操未能攻下，吕布这时候出兵来救，曹军又稍稍击退吕布军。到了夏天，曹操转攻定陶东边不太远的巨野。巨野守将薛兰抵抗不住，吕布便跑来增援，但他军队到达时薛兰已经战败。吕布随即退走，于是曹军斩杀了薛兰。看得出来，曹操一直在回避吕布主力，专挑他下边的软柿子捏，从而削弱吕布军团的总体实力，从而改变敌我态势。这一点和从前刘邦战胜项羽的策略一样。随即曹军又来攻定陶。

吕布自然不能坐等曹操剪掉自己的羽毛，于是又举一万人马来攻击定陶城下的曹军。

因为正是夏季，曹操的兵都出去抢割麦子。之前说过，青州兵战斗和生产要结合起来，男战女耕，遇上农忙，男的也去耕田了。营屯里只留了不到 1000 人，且多是妇女。曹操也在里边。见吕布到来，赶紧命令青州兵的媳妇们都拿起武器，登壁垒守卫。营屯西边有个大堤，是曹操刚命令修好的，大堤以南树木幽深。吕布怀疑这林子里埋伏着精兵，不然怎么守城的都是女的呢？他回头对陈宫说："曹操一贯用兵多谲诈，咱们别掉到他的包围圈里。"陈宫不知是表示赞同还是不赞同，但唯一知道的是吕布一贯不听他的，于是引军退去。

第二天，吕布又来了。他对陈宫说："探子告诉我了，昨天大堤后边没有伏兵的。咱们可以放心杀。"

陈宫说："昨天没有，今天必有。"

"那好，我们放慢前进，先不要仓促交战。"

于是吕布军向前列阵，列完之后，静静观望。这时候，曹操出列，在大堤以外的士兵以其前部轻兵向吕布挑战。吕布本能地发兵应战，本不想全力应战，但打着打着，就顾不了那么多了，又想大堤后面料无伏兵，于是发出全部主力应战。双方就在大堤外面的空场上人喊马嘶，杀成一团。

在冷兵器时代，打仗靠体力，而任何人的体力，在鏖战半小时以后，都会力竭，而阵型也会随着作战时间的持续而变得散乱。但阵型又是制胜之关键，阵型混乱会使整体战力进一步滑坡。这时候，其中一方投放预备队出来与另一方砍杀，即便兵员很少，往往也一战而胜，将对方主力打垮，因为对方主力已经疲惫了。现代战争中都各自留有预备队，也是这个意思。而曹操藏在堤后的军队就是预备队。

曹操觉得差不多了，便一挥红旗，堤后的士兵立刻全都跑到大堤上来了，络绎不绝，好像河水漫溢一样。曹操伏兵步骑并进，吕布军则慌了手脚，纷纷转身退逃。曹军蜂拥追上去，一排排的吕布军被追着搠倒，血流成河。最后，吕布一直被追杀着败回营去。

曹操趁机攻取了定陶，大收粮食。然后分兵收复了各县。吕布则带着残兵，向东往徐州地界转移了。

兖州全境遂被曹操重新占领。曹操凭着自己坚韧不拔的精神，在四面楚歌的弱势中苦苦支撑一年，终于复得兖州。

再说说夏侯惇，他在与吕布的鏖战中，被一支流箭，射中左眼，导致他的这只眼睛瞎了。

由于当时曹操军中还有一个名叫夏侯渊的，是夏侯惇的叔伯弟弟，作战勇猛，喜欢奔袭战。为了区分两人，所以曹操军中就私下管夏侯惇叫盲夏侯。夏侯惇心中厌恶，每当揽镜自照，就恚怒异常，把铜镜子扑砸在地上。

随后，蝗虫大起，夏侯惇担任济阴郡守，断太寿水修成水库。他亲自背沙袋，劝将士种稻子，老百姓颇受了他的福利，这也为战胜吕布提供了物质保证。随后，夏侯惇长年担任河南尹，就是以洛阳为中心20个县的河南郡的长官。总之，在《三国志》中记载，一直以来夏侯惇都没什么战功记录，更不算是什么武功战将。

第十七章

小霸王大战太史慈

　　曹操和吕布相争的公元 194 年，曾被打跑到东南方的扬州、自号扬州刺史的后将军袁术，一直没什么动静。不过，他下面的小将军孙策却在同一时间攻城略地——当然是往更远的方向。

　　这孙策，是破虏将军孙坚的长子，后来一直在袁术帐下为将。他少年早慧，长得英姿俊美，因为年少尚未经历挫折，所以说话时笑语不断，但有时易于冲动，为人"轻佻"的孙策到了十几岁，便在寿春各处交结名士豪杰。所谓豪杰，不是胳膊粗力气大的莽汉，而是有钱有势的地主豪商，即有大庄园和部曲的人，这些人往往也会带兵打仗。寿春往南 100 千米的舒城有一个官宦子弟名叫周瑜，祖父和父亲辈都当过朝廷三公之一的太尉，其父则做过洛阳令。此人跟孙策同岁，也是个早熟少年，这天接到了孙策发来的信件。周瑜见信，非常高兴。心想，北边的名公子终于来找我了。当即告别家人，跑到寿春去见孙策。

　　两人见面，但见周瑜身形修长高伟，风流倜傥，面貌如玉，当即喜欢得不行。两人拉着手坐谈天下，情投意合，结成"断金"之好。《易经》上说："二人同心，其利断金。"不久，孙坚起义兵北上伐董卓，周瑜说："令尊现在出征了，你们在这里孤单还不安全，我家有钱、有田、有部曲，不如你们到我们舒城来吧。"

　　孙策当即带着老妈去了舒城。周瑜把一处朝南的大宅子借给孙策母子住。随后，两家财物互通有无，不分彼此。过了一年多，噩耗传来，孙坚在襄阳战场被可恶的黄祖用冷箭射死了。孙策哭着丧又带着老妈搬去了曲阿，把老爸的遗体安葬在那里。孙策虽只有 17 岁，但这时僻远的江南明显已经容不下他。孙策准备到中原的花花世界去打拼，于是只身过江，北上去了江都。这个地方属于徐州的最南端，徐州牧陶谦很忌惮这个有着焦灼目光、想着建功立业的"蛮小子",就是不肯用他。孙策待了一两年,想了想,就又从江都西行回到安徽寿春扬州刺史袁术的大本营,径直求见袁术去了。

袁术一看这个年方19岁、跟他爸爸一样孔武有力的少年,既想留又不敢留。孙策马上流着泪说:"先父和您在南阳时,同盟结好,不幸先父遇难,大业未成。我想统领我父亲的旧部,为明使君您驱驰效命呢。明使君万万不要无视我的诚意啊!"

袁术就怕听到"南阳"两个字。因为南阳郡本来是人家孙坚攻打下来后,给了自己,然后孙坚南下打荆州刘表而死了。袁术没办法只好说:"这样吧,我不久前派你舅舅去拿下丹阳郡,打跑了原来的郡守周昕。丹阳兵号称全国最精壮。你去找你舅舅多好啊。在那儿募到丹阳兵,将来干什么不行啊。"

孙策当即回到江都,带上老妈,渡江不远即到了舅舅吴景的丹阳郡,在曲阿住下。因为有舅舅罩着,从当地募得了好几百人。可是,没过多久,全被曲阿以南的泾县大土豪祖郎带着部曲打散了。孙策只好把老妈留在曲阿,又孤身过江到了安徽寿春,找袁术来了。

袁术一看这位意志坚定的孩子又哭着来了。见实在不好搪塞了,便无奈地说:"你爸爸的几千兵,都被我改编给别的部将了,就剩一千人还暂时闲散着呢。你也别让叔叔太为难了,我就把这一千兵给你吧。不要一口吃个胖子,带一千兵已经很了不起了,我像你这么大的时候,还没见过那么多兵呢。"然后,袁术又上表封了孙策一个怀义校尉的职务。

孙策于是带着一千名兵,每天上操场上喊号,袁术的大将桥蕤、张勋见他这么认真有法,都倾心敬慕这个少年。连袁术也常常自叹:"假如我有孙策这样的儿子,死又何恨?"有一次,孙策的一个骑兵有罪,害怕挨小鞭子,逃到袁术的大营里,并钻在马厩的粪堆里藏了起来。孙策二话不说,指使人冲进去就把这个骑兵杀了,然后再跑去向袁术谢罪。

袁术战战兢兢，赶紧说："没事没事，这些当兵的只为吃饭，反复无常。这样的人谁逮住都该杀，你谢什么罪啊！"

于是军中更加惧怕孙策。

后来，袁术曾一度许诺让孙策当九江太守，结果自食其言，让陈纪去当了该郡太守。孙策兵寡年少，也不敢言语。不久，袁术要北上打徐州，就叫与自己的九江郡西邻的庐江郡太守陆康借给自己 3000 斛大米，充作北上的军粮。陆康觉得袁术有反叛朝廷之意，不愿意听他的。当时扬州有 6 个郡，其中的九江郡、庐江郡在长江以北，准确地说在淮河以南到长江之北一段，即安徽北部、江苏北部，其余 4 个在江南。袁术此时不过占了一个江北的九江郡和江南的丹阳郡而已，他办公的州治寿春在九江郡内。前一阵子，朝廷还派了一个叫刘繇的，来做钦命的扬州刺史。刘繇看袁术已经占了扬州州治寿春，就跑过江去，把袁术的部将丹阳郡太守吴景给打跑了，在丹阳郡开府办公当刺史。这是个正宗的扬州刺史，而袁术的扬州刺史不过是自封的。

陆康不肯借粮，袁术大怒，便派出小将孙策去打陆康。

袁术不怀好意地对孙策说："少将军啊，上次我不得已叫陈纪当九江太守，每想起来，恨自己本心未遂。这次如果你能把陆康打下来，庐江郡就归你了。"

于是，孙策带着他那 1000 多人，傻乎乎地去打陆康，结果还真的把陆康的庐江郡给夺了下来。这个陆康也是正直的老头子，当时已经 70 岁了，是朝廷钦命的庐江郡太守，城破以后就气死了。陆康还有一个有名的小儿子就是"怀橘陆郎"陆绩。他 6 岁的时候曾经到东边九江郡的袁术那里做客，临走时还把 3 个大橘子藏到自己的怀里。当临别跪拜辞行时，大橘子都掉落出来了。袁术笑着说："陆郎来做客却自带水果吗？"陆绩跪伏说道："您的大橘子好吃，我打算把它带回家赠给母亲。"袁术人奇之，心说，这孩子真不是个普通的孩子啊。

后来，陆绩没有计较孙策迫死自己的老爹，反而投在孙策门下。他的算术很好，擅长研究天文学，官至太守，带兵之余还写了好几本书，但32岁就死了。此外，庐江郡还有个大孝子王祥，就是卧冰求鲤的那个，其实他祖上也不穷，他的爷爷做过青州刺史。

话说孙策高高兴兴地占领庐江郡，气死了老陆康，得胜归来。袁术这次又食言了，让自己的心腹刘勋当了庐江太守。

20岁的孙策发现，袁术根本就没把自己放在眼中，所以便萌生了脱离袁术、远走高飞的心思。几日后他又跑去找袁术说："明使君，如今刘繇这个坏蛋占了丹阳郡，已经一年多了，您的大将、我舅舅吴景，在江北岸和他的部将樊能、张英在横江、当利渡口对峙，互相攻战一年多，一直不能得志。要么，您派我去帮我舅舅吧。那样我们就能一同协力，复夺丹阳，匡扶汉室！"

袁术知道孙策这是嫉恨自己，想另起炉灶。但是转念一想，刘繇兵强马壮，据有丹阳郡的精兵，这黄口小儿多半不是他的对手，他愿意去就去吧，看看他能成什么气候？

于是，袁术当即上表朝廷，封孙策为折冲校尉及见习期的殄寇将军，可以带着他那千把人，离开安徽寿春，往东南开拔，即向江北岸移动。孙策这才欢喜得像吃了糖的孩子，点起自己的千人兵马，去完成别人看来不可能完成的任务。

时间来到了公元195年，孙策先把自己的老妈安顿在北岸的历阳。然后带着1000余步兵，十几匹战马，以及数百名宾客，向东南方开拔。他的随从中有老爸的部将程普、黄盖、韩当，还有新收的将官蒋钦、周泰、陈武等。

孙策走了百十里路，沿途不断有地方豪杰带着部曲慕名投奔，说要跟他一起到江东去打天下，求发展。所有跟着他的人都兴致勃勃。军马到了长江西北岸的历阳时已经有了五六千人，孙策在历阳这里接上老妈，转移到25千米外的大后方阜陵。然后给好友周瑜发去邀请信。周瑜家所在的舒城，属于江北庐江郡，而九江郡、庐江郡正是袁术的辖区，事实上周瑜的叔叔周尚——这时也是袁术部将，被袁术任命为丹阳郡太守的空衔——丹阳郡还在刘繇的手中呢。周尚正带着部队驻扎在长江以北的某处，试图夺取丹阳好让自己上任。周瑜正依附自己的叔叔，当接到孙策来信后，立刻从叔叔那里分兵若干，亲自率领，跑到历阳与孙策汇合。孙策大喜："公瑾一来，大事必谐矣！"

于是两名美少年，带着数千兵马，来到长江边上。见没有渡江的船只，他们赶紧下令找船。孙策的姑姑徐太太说："你们找船一磨蹭，对方发了水军过来打怎么办啊？还不弄点芦苇做筏子，偷着过江得了。"这个徐太太作为孙坚的妹妹嫁给了徐先生，随后生下徐琨，徐琨生下徐小姐，徐小姐又返回嫁给了孙策的弟弟孙权。

孙策一听姑姑的话，大喜。便做了芦苇筏子过江。过江后他发起猛攻，一举突破刘繇的长江防线：他们攻克舅舅吴景一直未能打下的南岸渡口。孙策随即南下转斗，所向披靡，江东的刘繇诸将皆莫能挡其锋。

刘繇是前兖州刺史刘岱的弟弟，仕宦家族出身，青州东莱郡人。伯父当过汉朝太尉。19 岁的时候他的一个老叔被绑票了，他竟钻进贼窝把老叔给救回来了，由此远近闻名。后来，朝廷派刘繇当扬州刺史。刘繇是朝廷派来扬州的钦命刺史，而孙策是淮南到江北段的地方军阀袁术的部将。所以，孙策进攻刘繇，在中央看来，是以逆讨正；在江东人看来，则是江北人南侵。总之，孙策是一个不受欢迎的江北人。孙策过江以后，江东百姓闻之则跑，当官的更是纷纷卷起细软窜伏山野。不料，孙策大兵进入城邑以后，严令军士，秋毫无犯。老百姓这才放下心来，并抬牛载酒，跑到军营里犒劳孙策，人们都亲切地呼他为"孙郎"。

老百姓和当地名宗大族的人想，如果有人能好好地控制和经营这里，保住这一方郡县的太平，那就不妨请他做主子啊。

就这样，经过大小数战，孙策击败了刘繇的部将于麋、陈横及其同盟者笮融，终于迫近刘繇的大本营曲阿城外。

　　刘繇看见外面孙策、周瑜、吴景一伙军马一路势如破竹，不知如何是好。

　　这时，东莱少年英雄太史慈，带着宝弓且仗着一身英雄豪气，因前番送信的事在东莱郡失了业，虽然帮助孔融解围但仍无依无靠。他跟刘繇是老乡，就跑来看望刘繇，正要离去，赶上孙策打来了。有人就劝刘繇："太史慈善于机变，您不如留他做将军，必可却敌。"

　　刘繇看不起不是宦门望族出身的太史慈。说："这个猿臂善射的武夫，做个侦察兵还可以。让他当将军，许子将岂不要笑话我！"

　　许子将，大名许劭，是当时的大名士，就是从前说曹操"治世之能臣，乱世之奸雄"，令曹操大笑的那个人。他是中原汝南人，喜欢评点人物，每个月评点一次，誉为"月旦评"。他评点的人无不应验准确，受到他好评也立即身价倍增。现在因为天下汹汹混乱，"月旦评"也做不下去了，便只能流落到刘繇这里。其实，刘繇如果真让许劭给太史慈看看相，也许真能爆出个冷门：这个黑马正是将军资质啊！

　　于是，太史慈就真的被刘繇派去当侦察兵了，他带着一个骑兵，在周边的野地里瞭望，结果正好望见孙策带着13名随从将官。太史慈对另一名骑兵说："东北方向，14个人，带头的英姿少年，绝对是个大官。你敢不敢上去跟我厮杀？"

　　这名骑兵说："我不敢！"

　　太史慈说："那你回去通报吧。哎！东莱太史慈在此！哪个敢挡我东莱太史慈！"他一声怒号，催马举着长戟就向着孙策一干人直冲过去。这名骑兵一边赶紧掉头而走，一边往空中直放响箭。

　　孙策一看，斜前方杀出一骑黑马，立刻来了精神，挥矛催马，甩下13名同伴，直迎太史慈而上："江北孙郎在此！看我一矛挑你于马下！呦！呦噢！"旁边几个壮年军官急忙催着坐骑跟着这个冲动的主帅急驰。14骑战马摆成梯形趟起14道黄烟，直与太史慈的马腾起的烟雾，相迎撞击。

当两相撞击在一起，尘埃蔽日，好一会儿都看不清楚战斗的结果。当尘埃慢慢地廓清，孙策和太史慈两个斗将冒出视野：孙策一矛刺在太史慈的马腚上，那马疼得后腿并着直蹦高，太史慈脖颈后面插着一把明晃晃的手戟，孙策趁势一把抓在手中。太史慈也没客气，伸出长胳膊揪住孙策的头盔，另一只手则护住背项的手戟。两人互相死死揪住对方，都不撒手。

孙策说："你撒手。"

太史慈说："你先撒手。"

孙策说："你先。"

"你先！"

"一起撒手，一起撒，你好我也好。"

"我不信！"

于是两人一起用力，孙策抓去了太史慈的手戟，太史慈揪来了孙策的钢盔。孙策举着手戟就戳太史慈，太史慈拿着钢盔招架。钢盔上的白色鸟羽被互相拼砸得纷纷掉毛。正在这时候，信号弹已经招来了刘繇的大队兵马，孙策的后续部队也驰赴而来，两家各自解散。这一场"龙虎斗"就这样不分胜负地结束了。

另一边，曲阿城里龟缩着的刘繇正和许子将商量："孙策扫荡东南的势头不可逆，干脆我往会稽郡去吧。"

许子将说："会稽郡田肥民富，孙策贪图的就是这个地方，你去了，不是招他打吗？而且那里战略回旋空间小，靠着海边，人家打过来了，你只能跳海。不如往西南的豫章郡去，这里向北可以依靠曹操，向西可以依仗刘表，有这两位在后面给您撑着，就可以跟孙策相抗衡了。"

这个许子将很有纵横家之术，想在曹操、刘表与孙策之间求得残喘。曹、刘两家必然不喜欢孙策吞并豫章而自壮，所以必然会翼护刘繇。但是，这要夹在中间左靠右靠地傍两边的强国过活，也实在不好受，弄不好还会把两边的强国都惹怒了。刘繇遂遵计往豫章方向跑。

孙策遂兵进曲阿，然后把老妈从江北阜陵移回了曲阿。孙策在曲阿发布了宽恩令："凡是刘繇、笮融等同乡部属来降的，一律不咎既往，愿意当兵的，一人从军，便可免除全家赋税与兵役；不愿意当兵的，不勉强。"不出 10 天，应召者从四面八方而来，孙策得兵两万多人，马1000 余匹。

树倒猢狲散，太史慈也跟着刘繇一同离开曲阿，往西南方向的豫章跑。半路上，刘繇对他说："你不要跑了，你留在丹阳郡打游击吧。我封你当丹阳太守，只要你把丹阳郡夺回来，就是你的了。"

于是，太史慈停在曲阿以南的泾县，当他的丹阳太守。但是他没有兵啊，这时候山越人就来投奔他了。山越人在江东分布很广，他们向慕太史慈的威名，都成宗成族地跑来依附太史慈。

太史慈正在收编山越时，孙策的大兵就到了。太史慈带着山越人迎击，山越人非常凶悍，但缺乏组织，一占便宜就狼奔豕突，争功冒进；稍遇挫折就鸟兽溃散，不复成军。于是，被孙策的兵连杀再捉，都吃并了去。最后连太史慈自己也被孙策军生擒了去。

太史慈被捆至帐外，孙策闻讯从大帐连步上来，当即解去太史慈的绑绳。然后抓着他的手说："哈哈，你还记得在神亭揪我头盔的事吗？"

太史慈躲开他的眼睛说："当然记得。"

孙策说："如果当时卿捉得了我，卿当把我如何？"

太史慈不卑不亢地说："未可知也。"

孙策哈哈大笑，好！说得直爽。于是说道："从今以后，我的事业就是你的事业，你跟着我吧。"

"蒙将军不弃，小人愿效犬马之劳。"

于是两人相与交欢，孙策当即把太史慈派为门下都督，随后又授予他专属兵卒数百，拜为折冲中郎将。孙策既然来到泾县，旋即又攻破了泾县大土豪祖郎。祖郎被提住，也叩头谢罪，降于孙策。孙策引兵回还曲阿，祖郎、太史慈为大军之导引，有这两个豪杰走在前面，人人皆以为荣。

我们再来说说刘繇这边。之前，刘繇先派豫章太守朱皓去攻打袁术任命的太守诸葛玄，结果令诸葛玄退守西城。等刘繇逆江而上驻军彭泽时，便又派笮融协助朱皓攻打诸葛玄。这时许邵进言："笮融一出兵必定不讲名节信义。朱皓待人又喜欢推心置腹，要让朱皓防着点笮融。"笮融到后，果然用计杀了朱皓，然后去任豫章太守。刘繇立刻发兵讨伐，笮融战败，只好窜到山中，结果被当地老百姓杀了。刘繇便任命华歆任豫章太守。

史书上关于华歆的故事很多，例举一二。

华歆是青州高唐郡人，从前念书的时候，他和一个死板的同学管宁在园中锄草，挖出一块金子，管宁目不斜视，视金子如瓦石。华歆则弯腰把金子捡起来，想了想，又看了看管宁，便把金子丢掉了。管宁这人最喜欢跪坐着读书，后来他在一个木榻上跪读，跪了50年，把木榻都跪出了两个窟窿。这一天管宁、华歆又同在一块席子上跪坐读书，门外巷子里有一辆高级豪华的轩车经过，管宁充耳不闻，华歆扔了书出去围观。回来以后，看见席子已经被一分为二了，管宁说："你跟我志趣不同，难以成为真正的朋友，我们还是分席而坐吧！"

这就是管宁割席的故事。后来华歆当了魏国朝廷的大官，位至太尉，还曾保举管宁。退休后甚至让位给管宁，管宁嫌不是汉朝的官，托病不出。

华歆还有一个朋友叫王朗。他曾经跟华歆一起坐船出行，此时有个被追杀的人请求搭船。王朗赶紧让这人上船，华歆不同意，但拗不过，还是答应了。果然，此人后面紧跟仇家追杀而来，并往船上射箭。王朗见此情形，害怕了，赶紧说，快把这人撵下去吧，要不连累了咱们。华歆说，刚才我不同意就是担心这个，现在上来了，你怎么能再撵下去。最后，这条船还是逃掉了追杀。世人以此定华歆与王朗的高下，认为华歆冷静理智，王朗则是性情中人。

转眼来到了公元196年八月，如今华歆当了豫章太守，而王朗也做了会稽太守。孙策夺得丹阳郡后，又攻取了吴郡，然后领兵扑向会稽。王朗存有侥幸心理，便拒绝了功曹虞翻的转移避敌建议，举兵跟孙策对战，被杀得大败，逃到海上，最后在自己士兵的逼迫下向孙策投降了。孙策狠狠地责骂他一顿，终因为他是个大名士，收在营中。接着，孙策自任会稽太守。

接下来的一年，大家都为袁术称帝的事情操碎了心。公元198年，刘繇突然在豫章郡去世，他的部众一万多人纷纷表示要跟随华歆。但华歆表示自己不能趁人之危。孙策见状，便有了收纳这些人的想法。他把太史慈叫来，说："你跟刘繇是同州老乡，又曾经给他当过侦察兵，现在他死了，请你以故旧的身份过去慰问一番，趁机观察局势。"

旁边的文官武将都暗中拦着说："太史慈跟华歆是同州老乡，一定会留在那儿不回来啦，不能叫他去啊。"

孙策笑道："太史慈勇有胆烈，但并非苏秦、张仪那样的纵横之士。他心中有士的节义，重视然诺，以心意相许知己，则死不相负。你们不要再多说啦。"

临别时，孙策为太史慈饯行，拉着他的手问道："你多久能办完回来啊？"

太史慈说："60天足矣。"说完，饮酒绝尘而去。

太史慈到豫章慰问刺探一番，果然60天后回来了。那些曾说闲话的文官武将纷纷赞道，孙策真有识人之术啊。太史慈在回来的述职报告中把华歆的无能描述了一番，说他德行确实不错，就是办事能力较差，郡里的事得过且过。他郡里的庐陵、鄱阳两县割据不听他的，他也不知怎么办。

于是孙策大喜，决意西伐豫章。他陈兵豫章附近，派了虞翻往豫章游说华歆，华歆遂主动出降。此后，孙策待华歆如师长，十分敬重他。在孙策和宾客群臣聚集的时候，华歆号称"华独坐"，就是单独坐一块

"专席"，而别人都坐在"通炕"上。

前文说过，其实豫章本有郡守，该郡守是袁术当初推荐给朝廷而任命派置的诸葛玄，他的老家在山东南部沂南。刘繇到江东当扬州牧时，就曾带兵进攻过诸葛玄。诸葛玄赶紧把自己的儿子和侄子、侄女们送至西边安全的荆州去。他的一帮侄子中，最大的叫诸葛瑾，他有两个妹妹，还有一个弟弟，即诸葛亮，时年十四五岁，以及另一个弟弟诸葛均。他们一起坐上马车，跑到荆州襄阳念书去了。当刘繇猛攻诸葛玄时，诸葛玄赶紧投降了刘繇，然后刘繇改以老乡华歆做豫章太守。不久，诸葛玄又被叛民杀死，旋即华歆也举郡降孙策了。

孙策经大小数战，纵横江东，尽得扬州的丹阳郡、吴郡、会稽郡、豫章郡、庐陵郡、鄱阳郡六郡，时年不过21岁。因为袁术自称扬州刺史，孙策作为袁术部将，固然不敢称扬州刺史，仍称会稽郡守，但他实际上控制着江东六郡。孙策以舅舅吴景做丹阳郡守，堂兄孙贲为豫章太守，朱治为吴郡太守，15岁的弟弟孙权为会稽郡阳羡县县令。不久，孙策又以张昭、张纮为谋主，周瑜、程普、韩当、黄盖为大将。这些文臣武将都是江北人。但是孙策慢慢也把江东名宗大族收拢来。江北派和江东派，就是孙家依赖并且互相制约的两个班底。因为孙家自己也是从江北来的，所以大多数情况下仍是庇护江北派，授给他们可以父传子的私属军队（一般不超过两千人）和私属性质的庄客，以壮大江北派，制约江东派。但是，他们又不得不顾忌江东派的势力和影响，作为妥协和笼络的政策，就容许江东派保留乃至扩张自己的部曲私兵。不管怎么样，在孙家的制衡下，江东地区形成了趋于稳定的社会环境，为之后的争霸打下了良好基础。

第十八章

李傕、郭汜与夹在中间的汉献帝

现在让我们把时钟拨回公元 195 年的夏秋之交，曹操正在攻兖州，孙策则横行江东。曹操闻知孙策动向，立刻派人把弟弟曹德的闺女嫁给孙策的四弟孙匡，然后又娶了孙策堂兄孙贲的闺女给自己的儿子曹章，这样结好孙策，以免他向袁术靠得太近。

接下来，曹操就把目光投向了西边 500 千米外。

此时的皇帝还在西边的长安，朝政被李傕、郭汜、樊稠、张济等一干人所把持。西凉的韩遂、马腾等人听说老乡们正在长安潇洒快活，也急忙跑来沾光。

韩遂、马腾都是汉人，但早已与羌人无异。现在李傕、郭汜因为兵少难以服众，就叫他们来长安，为自己张势。

一年多后，几人由于争权的原因，李傕、郭汜、樊稠就跟马腾打起来了。

据说，马腾是东汉名将马援的后代，身长八尺余（190 厘米以上），他还有个勇猛的儿子叫马超。马腾跟李傕之间互相厮杀了许久也没有结果，韩遂见状就跑来调解，结果越调解越乱，遂也帮着马腾打李傕。

其实，樊稠一贯勇猛爱人，深受兵士敬重，李傕很怕他，所以就趁了这个机会把他杀了。

郭汜一看樊稠死了，心想下一个该轮到我了吧。辗转反侧，夜不能寐。

李傕和郭汜关系很好，他经常在家设宴与郭汜一起喝酒。郭汜喝醉后，索性就在李傕的床上睡了。郭汜的妻子认为，郭汜一定是喜欢上了李傕府上的婢妾了，便想小法离间郭、李二人。恰好有一天，李傕命人送来食物，结果郭汜的妻子指着里面的豆豉说是毒药。郭汜认出来说：

"这不是豆豉吗？"郭汜的妻子却反驳说："一个鸡窝容不下两只公鸡，樊稠已然是前车之鉴了，你为什么还这么相信李傕？"又有一天，郭汜再次去李傕府上喝酒，结果喝得不太舒服，就认为酒里有毒，回到家便喝了一碗粪汁催吐。自此以后，两人互不信任，相互攻打。

双方从公元195年的二月开始打，这时曹操也在定陶和吕布大战。不知为何，郭汜就想起汉献帝来了，准备把汉献帝劫持到自己的营里，给自己增加政治优势。李傕闻讯以后，便先下手为强，派出数千军兵围住皇宫，然后拉出三辆马车，逼着皇帝上车。太尉杨彪说："自古以来，皇帝没有在他人家居住的，你们这是什么意思？"李傕哥哥的儿子李暹说："别废话，我们都确定好了。"大臣们只好跟随皇帝一起走了。

几天后，李傕派兵先是将皇宫中的金银绸帛以及各种日用品都搬到自己营地里，然后又命人烧掉整个皇宫。汉献帝非常害怕，不知道还会发生什么。便让太尉杨彪、司空张喜、大司农朱儁等人一起去郭汜府上，要求他来解救自己。结果郭汜不仅没兴趣解救汉献帝，还顺带将这些求救的百官公卿扣押作人质，借以向李傕耀武扬威。朱儁见事情竟然闹成这样，结果被气死了。

就这样，李傕劫持了汉献帝，郭汜劫持了百官公卿，两人大眼瞪小眼，瞪了一个多月。

四月，郭汜好像良心发现，破天荒地请百官一起吃饭。等大家到齐后才知道，原来郭汜是找他们商量怎么去打李傕。杨彪见状，当场发飙："你们互相争斗，一个劫持天子，一个劫持公卿，到底想干吗？"郭汜一听大怒，想亲手杀死杨彪。没想到杨彪梗着脖子继续说："你连天子都不尊崇，难道还想让我们尊崇你？"中郎将杨密见状，赶紧打圆场，郭汜才平静下来。

这时的李傕，正在收拢羌人与胡人，许诺他们可以随意抢夺宫中的财物和宫女，不过前提条件是要干掉郭汜。郭汜则暗中许诺李傕的部将张苞以优待。

几天后，郭汜带兵夜袭李催军营，同时放火箭烧李催的大营。其中有一支火箭点燃了汉献帝所在营帐，还有一支火箭则射穿了李催的左耳。痛得李催哇哇直叫，便立即命杨奉去抵挡，这才挡住郭汜的第一波进攻。李催深知，不能再待在营地了，便带着汉献帝一起去了长安的北坞。为了加强防范，李催派校尉断绝了内外的一切联系。很快，汉献帝和随从就都饿得前心贴后背了。汉献帝说："去，传我的旨意，给送 50 斗米和带肉的牛棒骨来。"

不久，李催送来了过期牛肉，臭得人们都不敢闻。汉献帝气得发起疯来："这是人吃的吗？把李催叫来，我今天非骂死他不可！"

负责陪侍皇上的侍中杨琦赶紧劝说："李催这个人，是西部的土包子，一直想往上爬，但是被大伙制约着，所以怏怏不得志。他把陛下诳到这儿来，就是为了发泄对陛下和朝臣的不满。陛下还是忍一下吧，以免事情激化。"

汉献帝这个早熟少年，于是不再言语，拿着臭骨头说："这东西呀，闻着臭，吃着香，你们都来尝两块儿。"

不久，李催来朝见皇帝了。只见他走进来，腰里有三把刀，手里拿着一只马鞭和一把刀。旁边侍臣一看李催带着武器，都吓坏了，也立刻带剑持刃，立在汉献帝身侧。李催把第四把刀也别在裤腰里，坐下对汉献帝说："明陛下最近休息得好吗？"所谓"明"是一种尊称，如明公等。但是对皇上应该说"明上"，或者说"陛下"。李催不懂规矩，不仅发明了"明陛下"这个词，还自以为是地乱叫。

汉献帝也不纠正他，就随声应答道："还好，还好，没什么事儿。"

李催说："我有讨伐吕布之功，辅政四年，三辅清静，天下人都知道。可是郭汜这家伙，本是西边马贼出身，我一直推心置腹待他，但他想跟我平起平坐，跟着他老婆一起反我。他怎么敢！他还想劫持您！所以我把您保护在我身边。"

汉献帝说："郭汜这个人，也把朕气得够呛，我最恨的就是忘恩负义之人。郭汜是爱卿一手带起来的，他对你不忠，怎么会忠于朕？朕若有机会见到他，一定要好好教教他当老二的常识和本分！"

李傕一听，意外地乐了，露出高兴的样子，不觉膝盖往前挪："明陛下年虽少冲，却这么分辨事理啊。"

"那是自然，爱卿的忠心和功绩，即便盲叟都看得见。郭汜背叛老大，庸人尚且不能忍受，朕治天下，靠的就是忠孝仁义四字，郭汜不忠不义，真该鬼神拿雷炸他。"

李傕一点都看不出真伪，竟被一个十几岁的孩子糊弄了。高高兴兴出去之后，对其他官员说："明陛下真是圣贤的主子啊！"非常自喜，对汉献帝喜欢得了不得了。

李傕认为自己已经获得了汉献帝的欢心，每天都非常高兴，结果他一高兴，就把凉州那套"跳大神"的功夫也带来了。

有一天，李傕对汉献帝说："明陛下，我带来些好东西，您随我来一起看看。"当汉献帝一起跟着出去才发现，原来李傕找了一帮巫师，让他们在宫门外摆了一个祭台，中间竖着董卓的灵位，祭台上摆着猪、牛、羊头作为贡品。而那些巫师则在周围跳来跳去。

汉献帝一时摸不到头脑，便问这是什么意思。李傕称，董卓已经上天成为星辰，祭祀他能保佑一方平安。

李傕派猛将郭汜、樊稠跟马腾、韩遂大战于长平观下，砍了韩遂、马腾部下的一万多人头，把两人赶到了西边的陈仓。

在先前的战斗中，樊稠曾斥责李傕的侄子李利作战不使力。李利怀恨在心。结果到陈仓时，樊稠与韩遂私会，商谈许久，希望其投降。李利认为他们密谋共同干掉李傕等人，便向李傕控告樊稠有二心。过了几天，樊稠欲借兵，往东出关。李傕称樊稠是想和韩遂两面夹击，干掉自己，便将樊稠杀了。

汉献帝见李傕如此不着四六，便想找一个人去调解李傕和郭汜，让他们别打了。这时，汉献帝找来了一个人——仆射皇甫郦。皇甫郦此人刚直，见到李傕，就开始吓唬加数落："从前，有穷氏的后羿就自恃善射，于是不思祸难，最终丢了性命。近的例子也有啊，如当年董卓之强，明将军是亲眼所见的，他内有王公大臣为内主，外有弟弟董旻这帮人做爪牙。结果，吕布受其恩德，反倒图谋他。须臾之间，他的脑袋就悬在竿子上了。这是有勇而无谋啊。现在将军身为上将，因为跟郭汜过不去，就胁持至尊，都不知道哪件事轻，哪件事重了吗？您这么干，下面人都看不过去啦，您下面的杨奉，本来是个白波贼（即黄巾别部）帅而已，也不耻将军的所做所为，都不肯为您尽力了。您应该好好想想啊。"

李傕看对方把自己跟倒霉的董卓比，气得不行，当即就呵斥皇甫郦："你还不给我滚出去，要不是看你是西凉老乡，我非一刀杀了你不可。快滚！"

皇甫郦苦笑一下，掉头就出去了。

李傕立刻叫来虎贲王昌："你追出去，把他杀了。刚才我在这儿杀他，怕给皇上不留面子。你出去在路上干掉他，就说是贼人干的，快去！"

王昌于是拎着"家伙"去追皇甫郦，但他敬重皇甫郦的人品，不愿意害他，便就放皇甫郦走掉了。

汉献帝见皇甫郦气哼哼地回来了，知道游说失败，但也没办法。只好又用贿赂的老办法，封李傕为大司马，位在三公之上，这给李傕高兴坏了。

这时候，由于李傕干的事情大多不仗义，劫持皇帝也不合体统，于是他下面的部将杨奉干脆带着自己的兵叛逃了。其他部将也多效法，李傕势力就此变弱。当初，李傕、郭汜、樊稠、张济四员大将中的张济，一直没有在长安，而是屯兵在中原西部弘农郡以防东方州郡，这时候听说李傕、郭汜打架，死者万余，就入关调停。在张济的调停下，李傕、郭汜宣布和解。和解的条件是两方将自己的儿子送到对方那里当人质。

可问题却来了，李傕的妻子爱子心切，坚决不同意送出去当人质，致使和解之事一直定不下来。

与此同时，汉献帝发现，经常有一些羌人和胡人来打探，问李将军许诺的宫女在哪里？天子何时能给？汉献帝感到非常害怕，便要求侍中刘艾去找贾诩，让他想想办法。贾诩便设宴款待了那些大首领和酋长们，许诺他们回到自己的土地上再给他们赏赐。这些羌人、胡人才全部离去。此时，李傕和郭汜再次达成和解，同意各自送女儿给对方去作人质。

军阀和解，皇帝还朝。李傕派了数百名西凉兵，持着大戟护在汉献帝舆车左右。刚走到霸陵，又出事了。原来在桥上，郭汜手下的数百名大兵，拦在桥上，挡住了去路。真是刚出虎穴，又入狼窝。郭汜的兵喊："这是不是天子啊？坐这么豪华的车，我们要抓天子！"

左右大臣赶紧命令李傕兵集中编队，快步前进通过此地，侍中杨琦掀起车帷，冲至桥头，汉献帝面不改色，从丹田向外发起一声呼叫："你们不往后退？何敢迫近至尊耶！"

郭汜的士兵本能地一愣，拿着大盾齐齐地往后退。汉献帝的车紧随着从桥上冲了过去。刚一过了桥，护卫的士兵及众臣无不大呼："万岁！"

第十九章

汉献帝千里大逃亡

汉献帝冲破郭汜军的阻拦后，并没有往长安城跑，因为皇宫已被烧毁，他们只能暂时停在霸陵一带。这时，又有消息传来，郭汜又反悔了，想跟李傕继续打，并且也想把皇帝抓到自己手中。汉献帝只好继续跑。可是，又不能跑去李傕那里，就奔去了李傕原部将杨奉的营中。

杨奉是山西人，当了山西白波谷的山贼，人称白波贼，原为黄巾别部，后来归顺李傕后来，在相处的过程中他觉得李傕不公正、不仗义，就谋划杀李傕。后因消息泄露，只好拉着队伍跟李傕对峙。杨奉手下有一员大将，姓徐名晃字公明，山西洪洞县人，他劝杨奉说："将军如果打算自立门户的话，皇帝就如同一个宝物。你拥有他，你就比别人更强大。所以我劝你带着皇帝到关东去，自立门户。"

杨奉点点头，于是拿起了武器去找皇帝。

汉献帝正巴不得回洛阳，于是在杨奉保护下，准备东赴洛阳。郭汜的党羽夏育、高硕等不愿让汉献帝东去，便堵着杨奉大营不让他们出去。杨奉便跟他们打了一仗，击破夏育、高硕等人，车驾继续东行。很快，汉献帝的车驾到了华阴，暂且休整。

不料，李傕、郭汜很快又和好了，两人一商议都觉得不应该放皇帝东行："皇帝走了，以后必然派州郡大军讨伐我们，到时候咱们就等着灭族了。"于是，两人不计前仇，合兵一处，催动队伍，追出函谷关。他们沿着滚滚黄河，追到了函谷关以东不远的灵宝县，和杨奉激战。趁着这两方打仗的机会，汉献帝的车驾到了弘农。

原本汉献帝想，到达弘农即可逃出魔爪。但不幸的是，他还没喘息过来，李傕和郭汜的追兵就赶到了。国舅董承和杨奉两人聚集军队与李傕、郭汜在东涧大战，可惜大败。之后，李傕和郭汜赶上落在后面的百官公卿，不分青红皂白，一概杀害。

杨奉见无法打赢李傕和郭汜，便思考着去寻找个帮手，不过他也拉不来什么好帮手，只找到了这一带的白波贼韩暹，许诺事后封他征东将军。韩暹被招安后，一场厮杀，把李傕、郭汜打得大败。

董承认为李傕、郭汜大败，肯定不会返来了，便护着汉献帝的车驾继续向东，将目的地改为洛阳。不想，李傕、郭汜再次收拢残兵，追着汉献帝的屁股，又与杨奉的军队交战。杨奉大败。

皇帝趁着两军交战之际，带着家眷往黄河北岸跑。李傕则忙着把跑不动的公卿百官抓起来，挨个砍脑袋。贾诩则因为一直在给李傕帮忙，李傕让他做了尚书。现在贾诩觉得自己的同僚被砍，自己却逃了，没义气，就劝说李傕："这些都是天子的朝臣，看在天子的面上，何苦跟他们过不去啊。以后您还得指着皇帝罩着你呢。"

李傕就又没了主意，于是不再杀大臣，还把大臣们释放了。这时候，汉献帝身边，原本应有数万的虎贲、羽林军，只剩下了几百人而已。

为了过黄河，需解决船只问题。原本是白波贼的李乐夜里渡河，终于在对岸找了一条船。当时已是 195 年十二月，冬风正紧，这帮人散在荒野上瞅着大河发呆。原来，这里的河岸非常陡峭，壁立百尺，下临着滚滚黄河，他们根本跳不下去。国舅董承把马的缰绳解下来，连成一条绳，让皇帝顺着绳子，从崖壁上爬下去。

小皇后的哥哥伏德一手搀扶着小皇后，一边说："马缰绳是拴马的，怎么能拴皇帝呢！你这个臣子怎么当的！"

伏德说："我这里还有宫中的十匹绢，我一直舍不得扔，都在包袱里，可以连成带子。"

于是，行军校尉尚弘背着汉献帝，手里攥着绢带，作为下降绳，一步步地蹬着，坠着，下到了岩壁的底端，平安抵达河岸，上了船。

其他崖壁顶上的人全傻了，方才想起来，就一艘船，我们怎么走啊。最后觉得只能用这一艘船，来回摆渡。

这船跑到对岸之后，李傕的兵士已经追来。岸上没有渡过河的官吏、妇女，都被抓了俘虏，冻溺死者多人。在胡乱砍杀之时，李傕突然发现对面有火光，遂让士兵们呼喊："你们是要带走汉献帝吗？"董承使用被子护住汉献帝，生怕李傕射箭。

就这样，汉献帝终于平安逃到了黄河以北，条件十分艰苦、简陋。到了公元196年正月，流离失所的汉献帝为安天下，稳统治，在安邑搞了个郊祀天地仪式，宣布大赦天下，改年号为建安。

此时，曹操已经夺回了兖州，并想南下进入豫州。豫州辖两郡四国，在今河南省东南部。于是，在正月里，曹操借讨伐黄巾余部之由进入豫州的陈国。陈国相是从前袁术所置，此时只得向曹军投降。到了二月，曹操又进入汝南、颍川两郡，讨破多部黄巾，收降之。最后攻入黄巾占据的许昌县，将总部屯扎在这里。

曹操待在许昌，听韩浩建议，开始屯田。这时的曹操，已然有了整个兖州和半个豫州。

到了五月，汉献帝决定回洛阳。经过两个月的时间，终于回到了魂牵梦萦的洛阳城。

此时的洛阳城里已没有半点儿人气了。当初董卓火烧洛阳，将城内外烧成废墟。最后皇帝住到了从前宦官赵忠的宅子里。

这时候，袁绍、曹操、吕布、袁术等等这些州郡长吏都忙着争抢地盘，没有一个顾得上皇帝的。百官只好自己种粮砍柴挖野菜过活。

这时候的曹操，正驻在豫州的许昌，当即召集部属商议迎接天子之事。多数人都反对，说："皇帝被杨奉、韩暹把持着，您想把他迎来，那俩必定不肯，还是以后再说吧。"唯独荀彧劝道："从前晋文公重耳把落难的周襄王——被弟弟从京城打出去的，给武装送回了京城，从而诸侯都像影子一样追随晋文公，助其成霸业。如今皇帝回来了，各地义士都有存本之心，百姓也哀怜皇帝，您如果奉主上以从民望，这是大顺和大德啊。杨奉、韩暹岂敢捣乱？一旦错过，以后就没机会啦。"谋士程昱也这么认为。

于是，曹操立刻派曹洪去洛阳迎接皇帝。但是杨奉、韩暹这两人截住了曹洪，不让过去。

曹操只好先派人去洛阳打探情况，见到了议郎董昭。董昭就给出主意说："曹将军如果想来，杨奉肯定不欢迎。当初杨奉在东奔路上，为了迎战李傕、郭汜的追兵，曾召来了白波贼韩暹，可是现在两人因为争权而不睦。此外，国舅董承也和他俩互争高低。杨奉的军兵虽强，但是出身不高，如果曹将军愿意做他的党援，从而抬高他的地位，他必大喜，就欢迎曹将军来了。"

董昭干脆以曹操名义，给城外驻扎的杨奉去了信，说我这儿有粮，可以送给你，做你外援。杨奉大喜，请曹操赶紧来吧。

曹操带了少量军兵，于八月份跑到了洛阳，拜见了天子，给公卿百官送去给养。随后与杨奉相见结盟并联名上表，述说韩暹有罪。汉献帝批准。韩暹没办法，自己也打不过杨奉，只得单骑出逃。然后，汉献帝加封曹操为镇东将军，袭曹嵩的费亭侯之位。

随后曹操按董昭的主意，派人告诉杨奉，说想把皇上暂时带到鲁阳去，那里离许昌近，送粮省劲些。杨奉勇而少虑，看不出这是个计策，当下应允。曹操带着汉献帝赶紧跑出了洛阳，接到了许昌。

杨奉一看皇帝没在鲁阳，这才知道上当。闹了半天曹操把皇帝拐跑啦！杨奉赶紧和韩暹和好，带着轻骑就追曹操，但最后被曹操在山谷设伏打败。

曹操把汉献帝安顿在许昌，立刻又出兵洛阳。一场战斗，把杨奉打跑了，顺便得到了他手下的大将徐晃，还夺了杨奉的军屯。杨奉、韩暹败后向东跑到刘备占据的徐州，后来，刘备邀请他俩到官衙里喝酒，在筵席上把杨奉直接杀了。韩暹一看杨奉死了，自己落单了，就要跑回山西去接着当自己的山大王，可路经杼秋县时竟然被当地一个豪强以喝酒名义请来杀了。杨奉的老上级，西凉兵的老总李傕，还一直待在西边的长安。次年，汉献帝朝廷派赴陕西的特派员裴茂联络陕西地区的各股无政府诸将军队，联手把他击败，并夷灭三族。郭汜则在特派员打击下被部将杀死。就这样，当年董卓遗留下的4个西凉军事长官，基本上被肃清了。

因为皇帝在许昌，这里便成了国都，遂更名叫许都。随后，社稷宗庙也建立了起来。汉献帝升曹操为大将军，封武平侯，这是和从前大将军何进一样的官了，位在三公之上。九月的一天，为了庆祝新迁，汉献帝召集公卿，大会群臣，请大家喝酒，曹操也上殿来了。这时只见太尉杨彪脸上很难看，曹操性格多疑，特别是在危险状态下，更情愿放大危险。这种狐疑固然不算美德，但是保证了曹操在乱世中始终没被人暗算。他对行礼官说："稍等一下，我上趟厕所！"

行礼官说："马上就要吃饭了，快点啊。"

曹操说："好的，我上完厕所就来！"

曹操就慌慌张张下殿而去了，出去以后也不去厕所，更不回自己的宫室，骑马直跑出城，奔至自己城外的大营。他认为杨彪很有可能是要在筵席上谋杀他。

行礼官报告说："曹操去上厕所，到现在也没回。"派人到厕所去找，根本不见曹操。门卫进来汇报说曹操骑马出宫而去了。曹操逃席而去，对天子和朝臣震动很大。杨彪自知曹操忌惮他，心想，跟曹操对着干太危险，就打报告说自己腿脚不便，辞官回家养身体去了。

杨彪出身甚高，爷爷是"关西孔子"杨震。从杨震起，杨家四世三公，跟袁氏家族一样显赫。而且，杨彪又是保着汉献帝一路崎岖从长安过来的，一路千难万险，几次差点被叛军所害，是小皇帝所依赖的忠臣。

所谓一山不容二虎，曹操见杨彪已经下去了，心安不少。杨彪本是太尉，兼任尚书令，现在杨彪不干了，尚书令也空缺了。大将军曹操上表汉献帝，让荀彧做尚书令。这下子好了，行政体系也由曹操管了。

随即曹操又想起冀州牧袁绍了，当即要封袁绍做太尉。当然曹操没有权力直接封，需要上表汉献帝。汉献帝批准，于是诏封袁绍为太尉。也就是说，袁绍补了杨彪的缺。

袁绍在邺城得到诏书，大怒："曹操数次遇险，都是我出兵相救。现在他要挟天子而命令我吗！"

曹操听说袁绍震怒，摄于袁绍实力，赶紧把大将军的官让给袁绍。而自己做司空，同时领车骑将军。车骑将军是低于大将军的正号将军。

袁绍并不满足现在的官衔，他后悔没有尽早迎汉献帝来自己这里。便想让曹操迁都到兖州州治鄄城，从而离袁绍这里更近些，便于控制。而曹操不听，找各种借口不迁都，两人自此开始有了裂痕。

第二十章

袁术——吕布攻占徐州的真实原因

曹操待在许都，对汉献帝表面上还是较为恭敬的，因此当时曹操给天下人的印象，是忠勇合一的。不像袁绍那样四代世受皇恩却对皇帝不闻不问，只忙着自己抢地盘。大概是这些原因吧，很快就有一个英雄来投奔曹操了。此人就是刘备。

刘备是怎么个情况呢，这里需要补叙一下。

两年前，也就是公元 194 年，刘备从青州南下，弃袁绍而帮着陶谦守徐州。后被陶谦表为豫州刺史，驻地小沛，刘备时年 33 岁（曹操 39 岁，正跟吕布干仗）。而徐州牧陶谦 63 岁。这之后，陶谦身体越来越不好。

陶谦有两个儿子，都不能安定徐州。于是陶谦死前，把副州长麋竺叫到自己的床前，气喘吁吁地说："除了刘备，没有人……能够……安定我……的徐州，我打算……把徐州……给刘备。"

麋竺是个家产巨亿的大财主，说："我赞同这个主意。如果刘备能够保住徐州，您的两个贵公子还能当个富家翁。如果贵公子继承徐州，只会成为砧板上的鱼肉。"

"那好，那我就……放心了，你抓紧……去找刘……备吧。"

说完，陶谦便去世了。

那么，刘备能保住徐州吗？他是英雄吗？

刘备一定是英雄，这已是当时一些人的共识。

5 年前，孙策 14 岁，去扬州拜见袁术。刚说上话，刘备（当时 28 岁）也来了，孙策立刻要告辞。袁术问："刘备来关你什么事啊？"孙策回答说："不行，英雄忌人。"立刻告辞往外走。孙策从东面台阶下去，刘备从西面台阶上来，立即转头看着孙策走路的步法，自己不迈步了。

可见"英雄惜英雄"。

却说这天刘备正在小沛府内，只听门口禀告："徐州的别驾麋竹大人端着印绶来了。"

刘备赶紧迎接。

麋竹进来说："刘使君啊，给您带来一个好消息。徐州牧陶谦去世前，要请您接任徐州牧一职。"

刘备闻听此言，根本不敢接受。

麋竹反复致意，随行的下邳人陈登也说："如今汉室衰微，海内倾覆，立功立事，就在今日。鄙州户口百万，非常殷富，还是委屈使君接管吧。"

刘备说："南边袁术就在寿春，他家是四世三公，海内闻名，还是请他接管吧。"

陈登马上说："袁公路骄豪，没什么本事。我们在徐国给你准备了骑兵十万，上匡主，下安民，载誉竹帛。"

这时候，孔融也上前劝。

他原是青州北海国相，后来投奔刘备他说："刘英雄啊，袁公路岂是忧国忘家者，不过是冢中枯骨而已，何足挂齿。今日之事，是百姓把州土给予贤能之人，上天给了你，天予不取，后悔莫及啊！"

而豫州本地名士别驾陈群却说："袁术方强，使君接受徐州，袁术必然来争。有人若从北面同时来攻，那么你纵然接手徐州，也势必无成。"

其实，刘备太渴望有一个地盘了，就决定接手徐州，当了徐州牧。

随即刘备又上表朝廷，表封孔融为青州刺史。孔融高高兴兴带着刘备给他的一点兵，又勉强杀回青州北海国去了。刘备则从小沛去了徐州。

公元 195 年夏天，吕布带着被曹操打残的军队投奔刘备。

一开始见到刘备，吕布格外恭敬，说道："刘州长，多谢你的收留。我杀了国贼董卓，率数百骑出离长安东行，可是关东州郡没有容得下我的，他们都奉李傕三意而打算杀我。唯独你最仁义。"

刘备说："他们都是不能以国家为重啊！"

吕布说："当初我从长安逃出来时，我的媳妇被迫扔在了长安不管了，好在有庞舒相助，辗转跟我会合了，我俩都是苦命过来的。来，介绍认识一下，这是我的媳妇。媳妇，你快见过刘将军！"

吕布于大帐中，拉刘备坐在他媳妇的床上，让媳妇下去，朝刘备跪拜施礼，随后欢洽喝酒，喝多了之后就管刘备叫弟。

刘备虽然嘴上唯唯，但是内心开始不悦。大约让刘备坐在吕布媳妇的床上，这是看轻刘备了。这也太不尊重领导了，刘备大小也是个徐州牧啊。而且，你是来投奔依附我的，管我叫老弟，这是逃难者该用的词吗？总之，吕布说话办事都不着调，刘备能大悦吗？

公元 196 年。扬州的袁术与下属说："前年，刘备趁着我忙于扬州二郡事务，抢了徐州。现在我有时间了！"于是发兵北上，开始去争徐州。刘备与袁术之间，就这么打起来了，一时你来我往，难分胜负。

袁术见一时不能取得战场优势，就想可以让吕布端了刘备的老窝下邳。当时刘备把所有的军士都摆到了前线，在盱眙、淮阴一带一字排开，只留张飞守下邳。

袁术这人文采不错，写东西铿锵有力。他给吕布修书一封的同时，还带着 20 万斛大米一起送来："我有三件事情需要感谢你。从前董卓为祸，几乎杀了我袁家满门，将军你砍掉董卓的脑袋，送给我在长安的家人，为我洗刷了耻辱。这是你的第一件大功。从前曹操跟我抢兖州，他把我打得流离奔走，几乎败亡。你前年乘机破了他的兖州，使我可以存于扬州地区。我袁术从没听说天下有这么一个刘备，不料这个人却跟我抢徐州。将军倘若能够趁他老窝空虚，袭夺他的州治下邳，那就是对我袁术的第三件大功。将军有三大功于我袁术，我袁术当以死报答。现在我送上 20 万斛大米给您，未来随要随送。至于兵器战具，不论大小，您缺什么，我都给您预备！"

　　吕布大喜，哪儿去找这样从精神到物质都满足自己的啊，真是我的知己啊。袁术！吕布当即忘了跟刘备称兄道弟的过程，立刻带着他的队伍，水陆并进，开到了下邳。

第二十一章

吕布辕门射戟『救』刘备

徐州治城下邳，距江苏北部睢宁县北 25 千米，张良曾经在这里当游侠。100 多年前，刘秀的一个孙子被封到了下邳，因为是封国，所以叫下邳国，下邳国的治城是下邳城，下辖十几个县。当时是州、郡国、县的三级编制，下邳国隶属于徐州。到清朝时，黄河夺淮入泗，淹了下邳城，至今还是一片汪洋，被当地人称为城湖。

吕布在下邳城外以西 20 千米扎营，就见一个叫章诳的人从下邳城跑来找他，说有重要情报。

下邳原国相叫曹豹，他与刘备不对付。张飞看他总是心神不定，另有所图的样子，引来张飞不满，遂想削弱其力量。当时曹豹驻扎下邳西门——五行中西方属金，尚白色，因此西门也叫白门，上面的城楼叫作白门楼。张飞就说："曹邳相啊，现在我哥哥出门，最担心的是西边，我换防一下，去守西门，你到东边来。"

曹豹不傻，心想，"我如果一换岗，1000 多兵往东门去了，没了他们的保护，你趁机杀我怎么办？"于是坚壁不出。张飞怒了，挥军攻打西门营地，曹豹遂被张飞斩杀。随后，张飞又任命中郎将许耽做了西门宁将。

听说吕布来了，夜里中郎将许耽偷着溜出城。找到吕布求救："张飞在城里把我们的曹国相杀了，还嚷嚷着要杀光我们丹阳兵。现城中大乱，我们丹阳兵 1000 多人守在西白门内的营里。今夜我们里应外合，您赶紧来吧。"这里说的丹阳兵，其实来自陶谦。陶谦是扬州丹阳郡人，而他的骨干精锐就是丹阳兵。曹豹本是陶谦部将，带的自然也是丹阳兵。

吕布闻言大喜，当即命令军队"结束"，即拴上两裆铠，持盾拥矛。当夜，这些人便往西白门进发，黎明时抵达。这时，丹阳兵早已准备好了。见吕布到来，许耽马上打开西白门。吕布顺着马道，走到白门楼上，从这个制高点指挥步骑兵放火。步骑兵四处纵火，和丹阳兵一起联攻张飞。

而张飞还在睡觉，忽听外面人喊马嘶，当即光着膀子上马跟叛军厮杀，就见自己的兵丁纷纷往后退却。张飞跃马大喊一声，吓得士兵不敢后退。怎奈自己不能老喊，就见一不喊了，军士还是逃，敌兵还是追。于是张飞四处寻找许耽的下落，最后也没找到。这时，张飞突然想到一件事，便赶紧往刘备的府里跑，但刘备的老婆孩子和财宝家当都被吕布劫走了。

张飞跌足大恨，但吕布兵如潮而至。张飞拍着马穿过街巷，一路挑杀拦截者，从东门落荒而逃。

刘备在前敌听了消息，叹息一声："我两年前悔不听别驾陈群之言，今天果真如此。"既然主要怪自己，所以也不能深责张飞。张飞说："可是，嫂嫂和您孩子已经身陷吕布手中！"说完就要拔剑自刎，刘备立刻抱住张飞，极力劝慰。

随后，刘备赶紧带兵撤回，袁术在后面追，等快到下邳城时，兵已大半溃逃。

看看兵都没了，没有力量打下邳。刘备遂向东转移，沿路收集散卒，撤到广陵郡。袁术一路尾随，刘备只能还击，结果大败。

刘备撤到广陵后，慢慢地没饭吃了。附近有个叫麋竹的人，是个大财主，自己有家不要了，还把妹妹麋小姐嫁给刘备当夫人。接着，麋竹又把 2000 名家奴派在军中当兵，还拿来了金银货币巨亿购置军需，稳定了军心。

刘备这时候就想回小沛去。但是半路要经过下邳。刘备就派官吏去找吕布投降。与此同时，袁术见吕布已拿下下邳，便立即停止了粮食供给，这令吕布非常恼怒。吕布说："是陶谦旧部说张飞杀了曹豹，内心恐惧，才请我进城的。后又力举我做徐州刺史，我只好顺意自领了。"

"我主自知才德有限，愿意把徐州转交吕使君，当初本意也不是要做徐州牧，既然陶谦旧部如此，人心所归，我主愿意在使君驾下为将。"使者说。

"好啊，刘使君现在还是豫州刺史，我安排他照旧回小沛，和我并势拒袁术吧。下邳城本来也是刘使君经营的，自也还给他。"

于是，吕布派出了刺史级别专用乘坐的车马，归还了刘备的妻子和孩子。刘备等人正准备往西走，吕布也过来相送。

诸将都劝吕布不要放刘备走："刘备数次反复，是个难养之人，应该早点干掉他。"

吕布不许。常人看来，你惹了刘备这个英豪还放他回去，这不是找倒霉吗？其实，吕布明白，只有留着刘备，袁术就得一直巴结吕布，吕袁的结盟关系就能稳固。如果杀了刘备，袁术势必翻脸。

但是，吕布的部下并不这样认为。刘备走后的当夜，吕布部将河内人郝萌，便率兵攻占了吕布的府邸。吕布趁乱，披头散发地逃走了。都督高顺见状，立刻助吕布讨伐郝萌，郝萌战败逃走。天亮后，郝萌被部下曹性所杀。

不久，袁术派出大将纪灵带着步骑兵三万人再次北上攻刘备。

小沛是个小县城，刘备慌了，赶紧向正在徐州的吕布求救。

吕布的诸将说："将军以往常想杀了刘备，现在正可以借袁术之手。您恰可坐山观虎斗！"

吕布反驳说："不行，如果袁术杀了刘备，再从小沛向北和泰山郡的诸将联手，这样我就落在袁术的南北包围中了。我现在不得不救刘备啊！"

吕布当即带上一千步兵、二百骑兵，飞驰小沛营救。这时候，纪灵正在攻城，一看吕布来了，纪灵等众将都敛兵不敢再攻了。这倒不单是因为怕吕布，而是吕布选择出面迎敌，虽然只带了 1200 人，但已表达出了自己的倾向。吕布的这一行为，使得纪灵 "先灭刘备，吕布若不救，再图吕布" 的计划朝着坏的方向发展。纪灵心想："吕布还是动了，这次千里迢迢的行军算是白辛苦了。”

所谓谋略上如被挫败，就不需要再在战场上费力气了。纪灵的谋划已经被吕布破解，这时候他还要硬打，就只能属于蠢打了。但是不打，纪灵又丢不起这个脸。于是，吕布给了纪灵一个体面回去的机会。

吕布派人去喊刘备和纪灵来自己的营中喝酒。见面之后，互相谁也不理，单听吕布说话。吕布看着纪灵说：

“刘玄德是我的弟弟。我弟弟被诸位困住了，所以我必须来救他。这是人之常情。我吕布最不喜欢和别人相斗，而喜欢解斗。”

吕布叫来军候说：“你拿一只戟，去辕门口，站好，不要怕，不要动，眼睛睁大了看。我要一箭射戟的小枝。诸君如果看见我能一箭射中小枝，你两家就罢兵，如射不中，你各自回营，安排厮杀。”

纪灵唯恐吕布射不中，私忖：“戟在一百五十步之外，如何能射中呢？如果射不中，我真跟刘玄德打，吕布在身后坐着，我怎么打啊，不也很难受吗？”于是暗暗祈祷：“老天啊，保佑他射中吧。”

刘备也说：“老天啊，保佑他射中吧。不然我连小沛都没有啦。”

只见军候哆哆嗦嗦端着大戟跑到辕门口了。

只见吕布牵收虎背，轻舒猿臂，施展平生绝艺，大喝一声：“着！”一箭出去，时空陡然凝固，隔了片刻，那箭正撞在画戟小枝。在场诸将齐声喝彩：“将军真天人也！”

交战双方无不欢悦，刘备大喜。纪灵想了想，觉得这样最好，就在吕布的招呼下一起转赴筵席。随后各自罢兵。

金秋十月，刘备暗中在小沛招募士兵，很快扩充到一万多人。吕布得到消息之后，心生厌恶：“大耳贼这是何意，想复夺我的徐州吗？”

于是吕布点起兵马，亲自披挂，持戟骑赤兔马，带兵去打刘备。这次真是三英战吕布了。战斗的结果是，刘备败走，带着关、张和家眷去许都投曹操了！

第二十二章

典韦拼死解救曹操

刘备见到曹操时，曹操刚把汉献帝从洛阳接到许都来不到两个月。看得出曹操正乐呢：当时他被封为司空，行车骑将军事，武平侯，百官纷纷听命于他。这时忽见刘备来投了，更是分外喜欢。曹操当即厚待刘备，上表朝廷，封刘备为镇东将军，封宜城亭侯，领豫州牧。这回刘备的豫州牧一职总算得到钦命确认了，刘备非常感谢曹操。

刘备本被陶谦表为豫州刺史，而现在是豫州牧了。细究起来，"牧"比"刺史"要更高一格，虽然都是州长，但从刺史到牧绝对是一大步。

兖州东郡人程昱，长着一副漂亮的胡子，身高八尺三寸（199 厘米），恐怕是曹操属下长得最高的了。不过他岁数也最大——54 岁，性子刚烈，跟人关系不好，是曹操的二级谋士。先前他和荀彧一起劝曹操迎天子，见刘备前来投靠，特建议："我观刘备有雄才，而且谦己下人，能得众心，最终是不甘居于人下的。您不如早杀了他。"

曹操拿着花名册，捋着胡子边看边说："现在孤正在收揽英雄，不可杀一人而失天下之心。"那时候，侯和刺史可以自称孤。后来如诸葛亮等人也常称孤。

程昱刚出去，郭嘉又来了。这郭嘉，表字奉孝，豫州颍川人士，时年 26 岁，先投袁绍，后改投曹操。曹操是司空，可以开府治事。郭嘉现为司空府的官员，职务军祭酒，也就是参谋。

曹操说道："奉孝来得正好，有人劝我杀刘备，你怎么看？"

这郭嘉是个明晰事理的小青年，立刻扬着头答说："不杀刘备，必成后患。但明公提剑起义兵，招集俊杰，全仗信义。刘备有英雄之名，穷困而归依明公，如果害他，则海内智士贤人自相疑惑，明公还跟谁一起定天下呢？除一人之患，而沮四海之望，不智也。"

曹操哈哈大笑："奉孝得之矣！"

当时的部队都是将官自己招募来的，兵跟着将走，所以曹操将刘备的军队又归还刘备。隆冬时，曹操看刘备的兵都瘦弱饥饿，就济给他军粮，又赠刘备一些兵。然后不无关心地说："玄德弟，朝廷既然已经诏封你为镇东将军，不如你择日还军小沛，去盯着吕布，防他从东边骚扰我，我明年开春好南下打张绣去！"

刘备说："明公为什么不先与我去讨伐吕布？"

曹操说："张绣刚刚从关西跑到南阳，立足未稳，一击就能擒获。吕布那边，势力太大，而且现在他还与南边袁术互相结盟。我们必须离间他和袁术的关系，让他们俩互相打斗直到两败俱伤，然后才能逐个击破，这都要待明年我先讨平张绣以后再慢慢设计。如今张绣离许都近在100千米内，是我的心腹之疾，我必须先讨平他。"

刘备一听，又惧又佩服，心想这个曹操真是不能与之争锋啊。后来，刘备见到曹操派人来打他，不惧而出战；而曹操亲自来打他，便改成不交战就跑，可见不是没有来由的。现在管不了那么多了，总之刘备从曹操那里点领兵丁，再次往小沛驻扎去了。

吕布看刘备身后有了曹操支持，也就不复来攻，一时倒也相安无事。

话说许昌曹操这里，曹操见刘备去东边挡着，相对安稳。就在曹操认为暂且安然之时，却有一个人令他心烦意乱起来，这个人名叫祢衡。

祢衡很有才气，而且还喜欢骂人。当时许都新造，贤达人士多投聚于此，只见祢衡来此想结识一些人，结果感觉都不配跟自己交往。

后来有人告诉祢衡，孔融这个人十分有才气，而且喜欢结交你这样的人。

可是，祢衡在孔融属下不到半个月，就被转送给了曹操。

在曹操这里，还不到5天，曹操也想把祢衡送出去。曹操找到孔融问："你为何把这个祢衡送到我这里？"

孔融回答："因为他骂我。"

曹操说："他骂你就送给我了？"

顿了顿，曹操又说："祢衡这小子！我杀他如杀一只麻雀。但顾忌到此人向有虚名，怕我杀他后大家又会说我不能大度容人。"

于是，曹操把祢衡送给了刘表，刘表则将祢衡奉为上宾。祢衡见刘表如此对待自己，不好意思骂刘表，便骂起了刘表的臣属。刘表见祢衡简直就是骂人的机器，索性又送给了江夏太守黄祖。

黄祖这个人性格特别暴躁。祢衡去了黄祖那里，黄祖不待他骂，就把他一刀咔嚓了。

黄祖事后气一消，也异常后悔，怎么能把这旷世大才子仅仅因几句口角就杀了。黄祖所能表达自己的哀情和悔意的，只是把祢衡厚加棺殓，安葬在后人所说的武汉长江鹦鹉洲上。

197 年春天，曹操点拨大军去征张绣。

张绣的叔叔，是从前董卓的部将之一的张济。张济屯驻在弘农郡宛城，防东方诸侯，因为没吃的，就南下跑到洛阳南边的南阳郡抢粮食，结果被城上看粮食的士兵射死。当时南阳郡属荆州，是刘表的地盘，当张济被射死时，大家却要刘表接收张济的部队。但刘表却称："张济是走投无路而来，我没以礼相待，反而要兼并他的部队，没有这个道理。"因此，之后张绣接了他的班，继续屯驻南阳。

南阳是块盆地，就是所谓的南阳盆地。汉朝时有四大盆地，即关中盆地、四川盆地、南阳盆地、汉中盆地。由于河流的水都往盆地底下流，所以这里有水有土有太阳，也不冷，因此非常富饶。

南阳郡往北，临着豫州的汝南郡，再往北是豫州的颍川郡，许都就在颍川郡内。

曹操大军刚进淯水，就见前面旌幡飘展。张绣是个很正直也识大体的人，这时率众在河岸边，拿着酒肉玉帛和印绶来投降曹操了。曹操大喜，于是被迎到南阳郡治城宛城，曹操把军营扎在城外。

　　当晚，曹操把张绣及其将帅请到营中，置酒高会。在席中，有人告诉曹操，张济的妻子很漂亮。

　　结果第二天，曹操就跑到张济的府中，正撞到张氏，一看果然颜色非凡。张氏的重丧服早已除了，但仍穿白戴素，若梨花摇风。曹操回宿在营中，良久难眠，脑子中净是张氏。

　　第二天，曹操就派人说亲。经过一番折腾，终于把张氏纳为自己的妾。过了几天，曹操又听说张绣手下有员猛将，是个勇冠全军的胡人，叫胡车儿，因此就把他叫来，好生慰问，说道："我这里有几斤金子，聊以与卿相结。"说完，亲手从案上拿起金子，交给胡车儿。

　　张绣听说了这事，就跟谋士贾诩商量："看来，曹操是要收买我下面的人，暗中刺杀我了！"

　　贾诩一贯是帮着西凉将帅的，从前他帮李傕、郭汜、张济等人，被后者荐到朝廷做官，现在西凉帮失势，他做官也没意思了。张绣知道他鬼主意多，又是老乡，就招请他来当自己的谋士。

　　贾诩便教张绣如此这般。次日，张绣去见曹操，说："明公，我们的部队要从城外的屯里挪到高道去，中间需要经过您的大营，所以特来禀报，乞求通过。"

　　曹操说："为什么要挪到高道。"

　　张绣说："高道粮多。"

　　曹操说："那好啊。"

　　张绣又说："一路上贼党繁滋，我们的车少，载的军资又多，造成乞求让军士披甲，成战斗队形护着车前进。"

　　曹操又说："好啊。"

　　第二天清早，张绣的军众就整顿起来了，披甲操矛，车步并进，顺着大道，往曹操的营中过来了。而这条大道正从曹操的营屯中穿过。张绣军到曹营屯后就不走了，齐声鼓噪，掩袭曹军。曹操闻讯，迅速披上衣服跨上战马——绝影。但无奈仓促无备，敌人猛扑，把曹军杀得全线溃败。曹操掉头就跑。这些西凉人善于射箭，三支飞箭好像三枚巡航火箭在空气中穿梭，尾巴上喷着火追来了。其中一支正中绝影脸颊，另一支正中后脚，第三支正中曹操的右臂，曹操扑通一声随着四脚朝天的绝影就滚到地上去了。

曹操的长子曹昂不会骑马，正在旁边，赶紧让警卫带着马过来，说："父亲，我不会骑马，这马给你。"

曹操捂着胳膊从地上起来，再次跨上马，飞奔而去。而曹昂则被张绣叛军斩杀。曹操的侄子曹安民，也在另一处被张绣兵击杀。

唯独曹操的二儿子曹丕逃脱了。

这时候，张绣的军众又往曹操的各分营杀过去。却见一名大汉怒目立于主营门口，一声暴吼，手提一双大戟，是典韦。典韦带着军校，拼战门中，杀得叛军攻不进去。于是，叛军就分散从别的营门杀入，杀到典韦身后。

叛军一拥而上，短兵相接。无奈叛军人多，典韦多处受伤，血流殆尽，群创迸发，扑通跪倒在地，瞋目大骂而死。

不久，曹操退到南阳郡北部的舞阴城，听到典韦的消息，为之流涕。曹操把典韦发回原籍安葬，拜典韦之子典满为汉献帝的郎中。以后曹操车驾每过河南襄城，都以中牢规格的牛羊猪肉祭祠典韦。

曹操常常思念典韦，后典满依旧做曹操的近卫，最终赐爵关内侯。

曹操退到舞阴以后，散兵们也都跟着向舞阴收拢。在舞阴，曹操击败了张绣的追击，最终将其赶回了穰县。

曹操的平虏校尉、兖州泰山郡人于禁，带着数百人，且战且退。等到叛军追击之势减缓，于禁整集行队，鸣鼓而行。结果半路上看见十几个人在裸奔，浑身是血。于禁叫来一问，对方回答："我们是附近百姓，被青州兵劫了！别说财物，衣服都给抢光了。"

原来，曹操对青州兵一贯宽容，结果就是这些人贼性不改，打败仗后就开始趁机抢东西了。于禁看不惯，于是带着自己几百人的队伍，讨打青州兵，抓了一个头目，数之以罪。青州兵见状，马上跑去曹操那告于禁的状，说于禁要造反。

于禁到舞阴城外，先把营垒立上，旁边有一个幕僚就告诉他："青州兵已经开始告你的状了，你还不赶快进城找曹公辩解！还在这儿立营寨磨蹭啊！"

于禁说："现在叛军在后，说不定什么时候就会来，我不先把工事修好了，何以拒敌？而且曹公是个聪明人，别人的一点儿诬陷，何必辩解！"

这人被说得含羞而退。等营寨扎好，外面又凿了堑沟，于禁方才进城入谒曹操，便把前面青州兵胡来的事和危害性都说了。曹操大喜，召集诸将，当众宣言，拉着于禁说："淯水之难，我都乱了。于将军却能在乱中整队坚垒，讨暴兵，任诽谤，有不可撼动之气节，虽古之名将，何以加之！"当场加封于禁为益寿亭侯。后，于禁为曹操五虎大将之一。

曹操回到许都之后，心情很烦闷，自己挟天子以令诸侯以来，第一次大型的对外军事活动，却是大败而返，一下子便大大削弱了曹操在朝中和州郡中的威慑力。曹操一败，削弱了各派实力的平衡，袁术就加紧谋划当皇帝的事了。

因曹昂的死，曹操的原配丁夫人天天哭，又骂曹操。曹操便把丁夫人送回娘家反省。

不料，丁夫人自觉伤了自尊，死活不肯再回曹操身边。曹操就亲自跑去丁夫人老家，就见丁夫人坐在纺车前，背对着曹操，正纺织呢。家人喊："曹公来了！"

丁夫人充耳不闻，箕踞在纺车前，纺织如故，头也不回。所谓箕踞，当时的人应该是跪坐的，但丁夫人竟然坐了个小马扎，腿朝前翘着坐。

曹操走过来，用手抚在她的背上，发现老婆似乎瘦了不少。曹操劝她跟自己回去，但丁夫人不回答，也不回头。

曹操掉头就走，出了屋门，又站住，说："得无尚可邪！"意思是，能不能再考虑一下？

丁夫人还是不应。

曹操说："真诀矣！"意思是，我真走啦！真就断绝啦！

丁夫人终不回顾，曹操于是跟丁家绝了亲，并且说丁家可以把她再嫁出去。但是丁家惧怕曹操，至死不敢再嫁。

曹操与丁夫人断亲之后，就娶了倡家（相当于艺人）出身的卞小姐，立为正夫人，是为卞太太。卞太太很能生儿子，生了4个，就是大名鼎鼎的曹丕、曹彰、曹植、曹熊。继承了母家的艺人细胞和爸爸的文学细胞，其中曹丕、曹植文章都很了得。

卞太太每到四时过节，趁曹操不在家，常派人馈赠丁夫人。有时还私下把丁夫人迎来，坐在正位上，自己坐在妾的下位，迎来送去，礼节有如昔日。丁夫人这时候也冷静了，告谢说："我废放之人，夫人何必常如此待我耳！"

至丁夫人过世，卞太太禀告曹操，请曹操组办葬礼，曹操允诺，把丁夫人葬在许都城南。

后来，曹操临死病重时，自觉不能再起，哀叹道："我前后行意，于心未曾有所负者。假令死而有灵，子修若见到而问我：'我母何在？'我将何辞以答！"这里说的子修即曹昂。

谁说英雄没有儿女情长啊！

这一句话，念丁夫人与曹昂母子之情，情可以堪！

曹操回到许都，正为长子死掉，老婆离婚，战场败北而忧烦。这时候，袁绍竟然写来了"贺信"，奚落他征张绣失败。曹操大怒，群臣都以为他为打张绣失利而生气。尚书台的第二把手，尚书仆射钟繇就问尚书令荀彧："曹公是不是因为打张绣不利而焦躁？"荀彧说："曹公这么聪明的人，过去的事就过去了，不会为当时没处理好张绣的事而总懊悔，他不是那么心里放不开的人。可能是因为别的事情。"

于是荀彧就跑去问曹操："明公是不是为了袁本初而烦躁？"

曹操见荀彧说中，就苦笑一下："正是。你看看袁绍的信。"

荀彧打开一看，信中袁绍说，曹操你原本是我的部将，现在却跟我抢皇帝。结果眼睛大肚子小，抢来皇帝自己却保护不了，连个南边一个张绣都不能讨平，以后皇帝还能信赖你吗？

曹操说："袁本初欺人太甚，我早晚要讨这不义之人。真气死孤家了！"

荀彧把他安慰一番，说了曹操的4个好处和袁绍的4个坏处，说："自古以来，真要有那本事，就是弱的，也能转强。如果不是那块料，即便强，也会变弱。从前刘邦、项羽的成败，足以看出这点。袁绍这人，表面貌似宽和，内心却忌惮他人，任用人而疑人；而您明达不拘，只要这个人有才能，适合干这个就用，不拘小节。这是您的度量胜过他。袁绍迟重少决，做决断总是慢半拍，总是落在机会后面；明公则能断大事，应变有方，这是您在谋这方面胜过他。袁绍治军宽缓，法令得不到尊重和推行，兵将虽多，其实难于有效使用；明公则法令明确，赏罚必行，士卒虽然少，但都能争着为您效死，这是您在治兵方面胜过他。袁绍凭着自己世代高门的资质，收取名誉，所以士人没什么本事而浪得虚名的都去投奔他；您以至仁待人，赏赐有功者无所吝惜，所以天下忠正能干的人都愿为您所用，这是您在德性方面胜过他。您有这四胜，辅天子以义征伐，谁敢不从？袁绍虽强，他能怎样！"

曹操听了荀彧的话，这才高兴了。脸上也放出了光。

第二十三章

拉拢陈登，逐鹿东南的第一步

现在让我们再回到安徽北部，去看看袁术。

这一天，袁术对自己属下说："我的人生成就，时至今日仍然是零。而我年光老大，长此以往，怎么向祖宗交代？"

属下问："您什么意思啊？"

袁术说："我的意思是，如今刘氏微弱，海内鼎沸，汉室已然走下坡路了。我们家四世三公，海内所归。谶书有云：'代汉者，当涂高也。'我表字公路，这不正是说我吗？"

主簿阎象却说："从前周文王三分天下有其二还服侍商纣王，不敢越位。您虽然出众绝类，但还没有周那么强盛。汉室虽微，还没到商纣之暴。而且曹操挟天子于许都，用兵常常出奇制胜，您尚不是他的对手啊！"

袁术说："曹操连个区区张绣都打不过，我前面还在犹豫，眼下根本不惧他了！"

于是，袁术不顾属下的劝阻，给自己戴了一顶皇冠，跑到郊外立坛祭祀天地，自称起了皇帝，建国号仲氏——后世也称仲家，置百官。然后，他又任命九江太守为淮南尹。袁术想召好友陈圭，陈圭誓死不从；又召兖州刺史金尚，金尚不肯并逃跑。袁术一怒之下，把他杀了。

消息传到许都，曹操愣了一阵之后，就想这也是好事啊，袁术自绝于天下，以后大家都可以打他了。随后，他想起了袁术的姐夫杨彪。

杨彪从前陪着汉献帝在长安做司徒，家族也是四世三公。他爷爷的爸爸是"关西孔子"杨震，位至三公，爷爷杨秉和爸爸杨赐也都做到三公。杨彪保着汉献帝从长安一路历经艰难险阻回来，在许都的新迁大会上，杨彪脸色不悦，把曹操吓坏了，以为要暗害自己，遂逃席离去。杨彪也自惧，就称病辞官回家了。

曹操就想正好趁着这个机会，治一治杨彪，便上报天子："如今袁术僭号，有情报说袁术的姐夫杨彪串通袁术，打算废弃天子。我们应该把他下狱查查。"杨彪确实是袁术姐姐的丈夫，天子没话说了。于是杨彪被下到监狱里，戴着手铐脚镣接受审问。

孔融这时候也丢了自己的北海国。虽然刘备曾给他了一点兵，又回到青州，但还是被袁绍表封的长子青州刺史袁谭给打跑了，无处可去，最后被曹操招到许都做了将作大匠。他闻说杨彪被下狱，来不及穿上朝服，就去找曹操说："杨文和祖孙四世清德，海内所瞻。《周书》有云，'父子兄弟之间，有罪也不能互相连累'，何况袁术有罪而归罪其姐夫杨彪呢？《易经》又说啦，积善之家，必有余庆，看来，这句话徒然是骗人的！"意思是，杨彪祖上积德，后代应该享福，结果现在落得要身首分离，《易经》这话不是瞎说嘛。孔融这话中明显含着激愤。

孔融连连引用古书，因为他知道曹操古书读得也多，是个准学问家。可能是觉得用古文求情更有说服力吧。

曹操说："这是朝廷的意思，我不太清楚是怎么回事。"

孔融说："假使周成王欲杀召公，周公可以说不知道吗？如今天下缙绅之士之所以瞻仰明公您，是因为您辅佐汉室，匡正社会风气，使国家雍熙。如今您滥杀无辜，海内之士恐怕会离你而去！孔融我是鲁国男儿，明日就当拂衣而去，不复站在你的朝堂上了！"

曹操又窘又气，只好说："现在有司正在审问他，朝廷不会冤枉一个好人，也不会放过一个坏人。"

孔融退下，赶紧跑去找有司。这个有司是许昌县令，曹操的部将满宠，孔融跟他比较熟，就写信嘱托他说："满将军，对杨文和不要用刑，盘问他就行了。"满宠一无所答，不置可否。到了审判之时，仍旧按照惯例使劲地拷打杨彪。

杨彪打死也不认罪，满宠只好去找曹操说："杨彪被拷讯了数日，竟然一句关于袁术的话也不招。杀人之前需要先彰明罪行，此人海内有名，如果罪行不明就杀了他，必然大失民心，窃为明公惜之。"

曹操无可奈何，只得把杨彪放了。

孔融一开始听说满宠拷打杨彪，大怒。最后见满宠原来是这个意思，方才转怒为喜，由此更加爱戴满宠。

杨彪从监狱里放出来后，继续回家养病去了。然而，曹操也从此对孔融大失所望。他心想，原来孔融跟我不是一条心的啊。

4年后，杨彪又从家里被请了出来，当了太常的官，也算是九卿之一。但在10年后又被免官，从此声称腿脚有病，10年不下炕，得以免祸。而杨彪的儿子就是杨修，后来他做了曹操的主簿。

话说袁术那里，这一天把韩胤叫了来，说："我现在当了皇上，还没有跟外面建交呢。你去北边的徐州吕布那里去，跟他建交吧。还有，就是此前说好了娶他女儿，这事儿也该办了。"

韩胤于是带着彩礼和枣栗，坐车到下邳来见吕布。见到吕布后施礼说："告诉您一个好消息，可能您也知道了，我们主公已经当皇帝了，这就跟您建交来了。从前刘备与我们皇上为仇，您帮着打刘备，合计有三大功于我们皇上，咱们两州联盟，正需要亲上加亲啊。怎么样，您的闺女准备好了吗？可以嫁去当王妃了吗？"

吕布说："好哇。"当即和自己的女儿说明了情况。

第二天，韩胤就带着吕布的女儿，坐着车子走了。

豫州沛国相、下邳人陈圭一贯跟吕布不是一条心。当他听说吕布的女儿嫁给袁术的儿子了，急坏了，心想："如果袁术、吕布这么交善下去，扬州、徐州合纵，天子再克制不了他们，汉室天下就完蛋啦。"于是赶紧坐着车跑到下邳，游说吕布道："曹操奉迎天子，辅佐国政，有讨平四海之志，他所保着的，才是正宗皇帝。您应该跟曹操协力同谋，最后您也保有徐州。这袁术僭号皇帝，乃天下不忠不义之人，您把女儿嫁给他，就像把两个鸡蛋摞在一起，转瞬之间就要倾危啊！"

吕布也一直觉得曹操是个能人，跟着曹操有前途。而且自己从前投奔袁术，袁术居然拒不接纳，所以也有着对袁术的旧怨。于是吕布当即派人去追女儿回来。

回来时，韩胤则被劫入囚车。之后，吕布没让他下车，用器械扭住他的脖子和腰腿，直接转往西北方向，押赴许都。

曹操看吕布送来了韩胤，心知吕布、袁术联盟已破裂，高兴坏了，自己正求之不得。因此赶紧拉拢吕布，以天子名义拜吕布为左将军，还专门送来印绶。

吕布大喜，高兴得痛饮，宴上还把曹操的来信看了一遍又一遍。曹操信中说："如今国家没有成色上好的金子，孤自取家中好金，给您做了一方将印。国家也没有紫绶，我就把我所戴的紫绶解下来给您！袁术僭称天子，而将军跟他断绝婚姻，您带了个很好的头啊，朝廷信任将军，专程送上此印绶，以相明忠诚。"

曹操的行为十分感人，有点解衣衣人、推食食人的意思了，吕布大加感激。于是吕布又返送了一件好绶答谢曹操。

谁去把这好绶送给曹操呢？陈圭想叫自己的儿子陈登去。吕布不放心，怕陈圭父子跑到曹操那里搞阴谋诡计，不利于自己。陈登说了自己去的有利之处，并且发了誓，吕布这才答应了。

陈登到了曹操那里，但见 42 岁的曹操豁达大度，率性平易，不拘礼节。

所以他暗把主意打定，对曹操说："明公襟魄伟大，高山仰止，清风一片，大可追拟从前的齐桓、晋文，至少也超过吕布数倍。吕布勇而无谋，不是明公的对手，轻于去就，势必不能专心做明公的外将。以陈某的愚见，不如早把他收拾了。"

这样背叛主子的来使，如此无德之心，换了袁绍势必要恶眼嫌弃他。可曹操不但不嫌弃，反倒还给陈登好处，加拜陈登为徐州广陵郡太守。临别的时候，曹操握着陈登的手说："东方之事，我就全托付先生您了！"

陈登回去拿着朝廷的喜报："我——陈登，被拜为本州广陵太守，我爸爸——陈圭，加爵中两千石。祝贺，祝贺！汇报完毕。"

吕布说："还有呢？我呢？"

陈登说："没有了，您的徐州牧没有批。"

吕布扭身拔起大戟，挥起来把书案劈成两半，玉石的碎屑崩得到处都是。只见吕布呵斥道："你和你老子前面劝我结好曹操，绝了袁术的婚姻，杀了袁术的韩胤，如今我却一无所获，你和你老子则升官加爵，我被你们卖了！你给我说，到底怎么回事！"

陈登不动声色，从容回答说："下官见到了曹公，为您请求徐州牧的职位。我说，您对待将军就要如同养虎，应当经常给他生肉吃。否则的话，他吃不饱，就要吃人了！可是曹公说，不然，应该譬如养鹰，一定要维持他肠子里的油比较少，吃饱了的话就要飞扬而去了。因为饿着的话，反倒会替人捕食。"

吕布听了陈登的鹰理论，再跟自己打猎时候的经验一对比，想想也对。就放下大戟，不再跟陈登计较，脸色也慢慢和缓了。

袁术看吕布和曹操眉来眼去打得热乎，气得拍案咆哮："区区一个吕布都不能制服，还算什么皇上！"于是发重兵北上，由庐江郡守张勋领着，与从前打不过曹操而流窜山东的韩暹、杨奉联手讨伐吕布。

吕布并没有控制徐州全境，譬如琅琊郡就不跟他交通，广陵郡也是陈圭父子这两异梦者控制着，所以他实际可调动的嫡系兵马仅有兵3000人、马400匹，可见力量悬殊。但吕布逞能，自然不把这些虾兵蟹将放在心上，一边派人瓦解敌人联盟，让韩暹、杨奉在袁术阵营里作窝里反。当他出下邳城跟挑头的张勋见仗时，韩暹、杨奉突然也奔杀向张勋，一起杀得张勋大败，斩将10名，堕水死者不可胜数。

趁着袁术新败，曹操也随后出兵把袁术暴揍了一顿，杀其大将桥蕤、李丰、梁纲、乐就。袁术一次次地要吐血！而韩暹、杨奉则流落小沛被刘备所杀，其中韩暹被小沛南边不远的杼秋县豪强所杀，也算是在刘备的地面上。

曹操看看吕布、袁术不能害自己了。次年，也就是公元 198 年三月，他又南下征张绣。军师荀攸赶忙劝阻："张绣靠的是和他南边的荆州牧刘表相结托，所以强大，但他依靠刘表供应粮草，迟早刘表会给不起的，两人其势必离。不如等一段时间，待他们分崩离析后再出兵，迫其来降。如果现在出兵，他俩反倒互相救助。"

前文说过，这荀攸是尚书令荀彧的侄子，经荀彧推荐做了军师。曹操等不及，还是出发了。

曹操南下到南阳郡，果然张绣与南边的荆州刘表结了联盟，一下子拒住了曹操。刘表趁曹操围攻邓城不下时，绕到了曹操身后。

这时候，北边又传来情报，北方袁绍要南下夺许都。

曹操见状，只好往回撤。张绣引兵追赶，谋士贾诩赶紧拦住："不能追啊，追之必败！"张绣哪里忍得住，急着追曹操。不料被曹操杀了个回马枪，大败而回。贾诩捋着小黑胡说："您现在可以追了，赶紧追，必然大胜。"

张绣傻乎乎地又去追，果然大败曹操，夺得了各种辎重无数。张绣奇怪地问："前番我用精兵追赶曹操，而先生说我必败。后来我收敛败兵去追刚刚取胜的曹操，而您说必然胜。结果前后都如您所言，这是为什么啊？"

贾诩说："将军虽然善于用兵，但无论如何不是曹操的对手。曹操退兵，当然亲自断后，您不明不白冲上去，当然撞得脖断毛飞牙齿掉。之后，曹操见已经胜了，急于回兵，必然轻军速进，无心速战，必然会大有斩获了。"

张绣说："您真料事如神！"

正如贾诩所料，张绣第一次来追时，曹操被张绣、刘表的军队围追堵截，回归许都的行程缓慢，曹操给许都的尚书令荀彧写信说："贼兵对我连追带堵，我们一天只能走几里，几乎等于原地踏步。但是没关系，只要等我们踏步到了安众，必破贼兵。"

军队到了安众的一片山地里，狭窄的山谷底下有一条狭道，而主要隘口都被张、刘的军兵们堵住了。曹操当即命令士兵在险要处凿地道，引兵从地道遁逃。

次日天明，张绣与刘表发现曹军不见了，赶紧下了险隘追击。此时，曹操早埋伏了奇兵，从山头向下夹攻。可怜的张绣军在山谷里，没有回旋和组织战斗的空间，只能眼被曹军全歼。

得曹操胜回师许都，荀彧问："明公信中讲得很飘逸，您怎么预料到安众必破贼兵呢？"

曹操说："兵法上讲了，归师勿遏。我的军队都盼着回家，张绣却逼得我们一天只走几里，大家都急眼了。而且张绣、刘表非要置我于死地，据守安众险隘。如此一来，我军必然困兽死斗，必然大胜贼军。"

看来，曹操军的战斗力并不是远远超出张绣、刘表的。而曹操善用奇兵，颇多如此。

曹操回到许都，已经是秋天了，想想自己这半年天天在外面打仗，却毫无所获，连区区张绣都打不下来，心中忧烦。而隐隐的更大的忧患还是北边冀州的袁绍。这次袁绍嚷嚷着要打曹操，曹操征张绣的计划只好半途而废。

曹操很烦，这一天就叫来自己司空府军祭酒、谋士郭嘉。

曹操对郭嘉说："袁本初拥冀州之众，并且他长子发展到了青州，女婿控制了并州，持有青并两州，地广兵强，这回嚷嚷着要打我，不知他会不会真打我？我也想跟他抗衡，可惜力不能敌，你说怎么办啊？"

郭嘉笑笑说："当年刘邦对项羽也是力不能敌啊，最终擒杀项羽，刘邦靠的是以智谋取胜啊。我对袁绍很了解，袁绍有十个必败，您有十个必胜。我觉得您不必怕袁绍。而且他现在跟公孙瓒战斗胶着，有吞并幽州之心，他暂时没有工夫南下干预您的。他说打您，只是吓唬一下而已。"

曹操说："你刚才说什么十败十胜，说来听听。"

于是，郭嘉回道："袁绍礼仪烦琐，而明公您体任自然，个人气质不同，这是一胜。袁绍攻打朝廷所在，您保卫天子，这是二胜。汉末政治失策在于宽，袁绍以宽济宽，所以不能控制；而您一改宽纵的做法，改用重拳出击，从而使上下制之，这是三胜。袁绍外宽内忌，用人而疑，所信任的都是自己的亲戚子弟；而您用人不疑，唯才所宜，不问远近，这是四胜。袁绍谋划多而决策少，处处落在机会后面；您说干就干，决策得比谁都快，做了决策还可以调整，应变无穷，这是五胜。袁绍出身显贵，喜欢清誉，用的都是华而不实的人；您手下皆是能臣，而不是循规蹈矩之士，这是六胜。袁绍看见别人饥寒，抚恤之意形于颜色，但是看不见的，他就想不到了，这是妇人之仁；您对于眼前的小事有时候会忘记，而对于四海大事，远方贤人，则想得周到，给他们送温暖，往往远超过他们的期望，这是七胜。袁绍大臣互相倾轧，争权夺利；您御下有方，不偏听偏信，这是八胜。袁绍不知道树榜样，他认为对和错的人，都不抬高或贬斥，以表明自己的是非价值观取向；您对于您所肯定的人就待之以崇高礼遇，您所否定的人就正之以法，从而树立正反榜样，群臣也就都知道了在咱们这个群体中什么是对的什么是错的，不会像袁绍的部将那样价值观不统一，互相掐架，这是九胜。袁绍打仗喜欢人多，凑出个虚势，但不知兵机；您以少克众，用兵出奇，部将都信任您，敌人怕死了您，这是十胜！"

曹操笑说："如奉孝所言，我有何德何能可以堪之！"其实，郭嘉讲的这些，未必是实打实地论述袁绍的缺点和曹操的优点，只是想趁机指明一个优秀的领导者该具备的素质罢了。这大约是进谏的一种方式吧。曹操也知道这一点，所以说自己当不起啊。但是曹操听听这些，大约也会有所受益吧。

郭嘉随后说："如今具体来讲，袁绍和他更北面的公孙瓒，连年胶着对斗，您不必怕他，而可以趁机东攻吕布，讨平吕布，您就减少一敌。否则的话，未来袁绍若吞灭公孙瓒，挥师南下，吕布为之东援，您就深受其大害了。"

曹操说："这话一点儿没错！"

于是，曹操等于也接受了荀攸的意见，不再急于南下打张绣，而是把目标向东，瞄准了吕布。

第二十四章

陈宫徐州纳吕布

公元 198 年的秋天，曹操回到许都，忽然东边又传来坏消息。刘备的使者跑来说："吕布再次背叛朝廷，依结袁术，派大将高顺、张辽，来欺负我们使君了。现在眼看不行了，您快派兵援救吧。"大约吕布看朝廷只给口惠，不动真格的，于是觉得还是跟着袁术好，就又归依袁术那边了。曹操动员主力需要时间，便先派大将夏侯惇，东向小沛去解救刘备。

这两年来，刘备因得了曹操的帮助，一直守在小沛，替曹操防范吕布东进。其实，这次事件的发生，不能怪吕布。之前，吕布派人带着金子往河内郡买马，刚巧路过小沛附近，刘备就派兵把金子和人抢了个精光。吕布又气又痛："这个大耳贼我多次放过他，今天你不仁，我也就不义啦！"

吕布当即派中郎将高顺、骑都尉张辽领军，向东去打小沛。从春天一直围到了秋天，刘备、关羽和张飞等人，在城上百般设防，吕布军难以攻入。

当高顺、张辽正在城下指挥攻城时，忽然听说夏侯惇从背后杀过来了。高顺、张辽掉转身来，把夏侯惇打败退回许都。

此时天气已逐渐转冷，高顺、张辽趁着小胜，一鼓作气攻破小沛。

吕布军对付破城之后的刘备有经验，直奔府院里最有钱的地方杀去，果然刘备的妻儿老小再次被吕布军给俘虏了。

这时的刘备，正带着关羽、张飞几个，一起往西边逃。

三个人正在疾行之时，就见前面烟尘蔽日、旌旗满眼、鼓号齐鸣，吓了一大跳。心说，这是哪方面来的。赶紧打探，回来报告说是曹操的部队。曹操亲自带兵跑来支援刘备，共灭吕布。刘备方才由悲转喜，对关羽、张飞说: "曹公韬略过人, 我以前是晓得的, 今天咱们弟兄有救了。"

曹操一看刘备等人狼狈不堪。曹操当即笑了, 把刘备拉到自己的车上, 同车而载。

刘备问曹操: "明公, 咱们此行的计划是什么?"

曹操说: "我们先半路上把彭城拿下来, 然后顺着泗水直抵下邳, 把吕布收降了。吕布志向有限, 贪图富贵和官爵罢了, 原本是有意归降孤家的, 只要大兵压境, 不出几战, 就能迫使他投降。"

曹操的大军为何会来得这么快呢? 原来曹操见夏侯惇战败, 气得要自己带兵去打下邳。众将都说不可。只有荀攸说: "吕布骁勇, 又依恃袁术, 如果纵横于淮河、泗水一带, 豪杰们必然会响应他。现在趁他刚刚叛离, 军心不稳, 前去攻击一定可以打败他。"然后, 曹操与荀攸制定了先攻彭城, 再打下邳的计划。接着就急行而来了。

曹操大军一路东去, 顺利攻下彭城。

接下来, 曹操还没到下邳, 吕布便趁曹操立足未稳, 亲自带着骁将成廉、魏续、宋宪、张辽等人, 引一众骑兵出城与曹操交战。其中成廉最猛, 当初跟着吕布骑着赤兔马, 陷锋突阵, 总是打前锋。此外, 还有兖州泰山郡豪杰臧霸, 以勇壮闻名, 也拉着自己的队伍帮着吕布。吕布手下还有高顺、魏越、侯成、郝萌、曹性, 都是健儿, 勇将甚多, 其中高顺更是威严清白有古大将之风, 手下有700余兵卒, 铠甲战具皆精练齐整, 每次战斗攻无不破, 号称陷阵营。只是吕布不信任这些人, 还把高顺的陷阵营夺来交给自己的姻亲魏续掌管, 只到打仗的时候才交给高顺。

吕布原本也是信任部将的, 但是之前有次兵变改变了他。那天夜里, 郝萌带着自己的部卒杀进府来, 大呼: "捉拿吕布啊, 杀了吕布分财宝啊!"吕布不知是谁造反, 便一直跑到高顺的营里去询问。

高顺说: "那必是郝萌无疑。"高顺当即严肃队伍, 弓弩并射, 把郝萌的乱众射走。郝萌手下的曹性也反了郝萌，跟郝萌对挑。这时，高顺趁机过来一斧子砍死郝萌。这场叛乱才得以平息。

随后，高顺用床把受重伤的曹性运到吕布那里，接受讯问。吕布问："这事是谁主使的？"

曹性卧在床上说："袁术主使的。"

"还有谁参与了谋划？"

曹性说："陈宫。"

陈宫当时就在座上，脸立刻就红了。陈宫可是当初背叛曹操，献了兖州给吕布的。在座人中功大威望高，是级别最高的大将，吕布不愿意深究他，搁置不问。

曹性说："郝萌造反前，问我可以不可以，我说吕将军有如神明，不可以去攻他的。郝萌鬼迷心窍，还是暗中动手了，所以我当即出来跟他对战。"

吕布感动坏了，赞道："卿真是健儿啊。"让其好好养伤，伤好以后，把郝萌的部众都给了曹性。

这件事情对吕布震动甚大，从此对部将特别加了小心。他虽然没有追究陈宫，但是陈宫再向他进谏什么，他都偏向于怀疑和不听。至于高顺，吕布知道高顺是非常忠于自己的，但也限制使用。大约是高顺在这场惊变中表现出来的镇静和力平叛乱的从容有方，使得吕布生怕高顺的威望压过自己吧，总之他把高顺的兵权也转交自己的姻亲了。

吕布和自己的诸部将之间，就是这么一个貌似宽和而实际紧张的复杂关系。吕布毕竟善于御兵，而不善于御将。与其说他缺乏谋略，不如说他不善于管人。

很快，吕布及其勇猛将士与曹操的大军在下邳城外打了一场野战。吕布全是骑兵，兵种过于单一。曹操使用战车圆阵拒守，有效地消解骑兵的冲锋。再把箭雨射向吕布骑军，遭受大量损伤。吕布勉强拖着大戟并跨着赤兔马败回城中，而骁将成廉撤得慢，被一群曹家兵俘虏。

曹军乘胜追到下邳城下。见下邳那坚固的城池，似乎不是那么容易攻克，于是就写信让吕布投降。

吕布看罢曹操来信，对陈宫说："要不我就降了吧。"

陈宫急了，大叫说："明公！今日你投降了曹操，如以卵投石，哪里还能保全？"其他人也都建议吕布不要投降。

见陈宫等人皆不愿意投降，吕布扭不过他们，只好作罢。

吕布准备积极寻求外援，自然就想起袁术来了。他派了两个能说会道的，一个叫许汜，一个叫王楷。两人被吕布派遣的战将保着，冲出城去，向南跑到了寿春袁术那里。

袁术一听他俩说求救兵，便幸灾乐祸地说："吕布的闺女都不肯给我，如今还跑来跟我说什么？"

许汜这人善于夸夸其谈，便说："明上今天不救吕布，是自己给自己掘死路啊。俗话说唇亡齿寒，辅车相依。吕布一旦完蛋了，曹操拔了下邳这个据点，大军过淮，明上也就坚持不了几天了。"

袁术不糊涂，立刻命兵马开出城外，支援吕布。

吕布见袁术有了动作，心想，自己也不能一些都不表示了。便把女儿嫁给袁术的傻儿子。这天晚上，吕布引着女儿的马在夜色之中，叱马出行。

吕布让张辽开道，打开城门，直冲出城去。曹军担任夜里警戒的士兵，立刻举火鸣鼓，曹军朝着吕布的方位如林而至。吕布立即挥戟格杀，但曹兵越打越多。吕布发现，自己根本不能突围，只好把女儿带回。

第二天，城外又喧嚣起来了，袁术亲自披挂乘马，带着本部骑兵，北上来救吕布了。这时，下邳城上也立刻热闹起来，大家一起扒着墙头观看，就见袁术的骑兵被曹军一顿暴打，不到一顿饭的工夫就风卷残云一般抱头鼠窜了。

情急之下，陈宫想出办法，就是让陈宫、高顺两人守城，然后由吕布带着骑兵去断曹操的粮道。逼曹操退军。

　　不料吕布的媳妇哭哭啼啼不答应，她拖着吕布的后腿说："将军啊，陈宫、高顺向来不和，您一出去，这两人一定不能同舟共济，万一有失，下邳城不就没了吗？而且，当年曹操对待陈宫多好，他还是抛弃曹操，迎将军进城。而今将军礼遇远不及曹操，你走后试想我还能做你的妻子吗？"

　　吕布思前想后，感觉确如妻子所言，也就不再听陈宫的任何建议了。

第二十五章

身死与社死同步的吕布

且不说吕布每天思考如何突围，曹操这边正命令士兵在城外挖堑。曹操士卒连续挖了 3 个多月，也没挖通。再看曹卒已死伤颇多，曹操更怕袁绍或张绣会去摸自己的老窝，于是就想着撤兵。

荀攸赶紧过来劝阻："趁着吕布锐气未复，陈宫谋划未定，您引兵急攻，大事可成。"郭嘉见状也跟着建议说："当年项羽 70 余战，未尝败北，一朝失势，就身死国亡。现在吕布能力不及项羽，连连困败的形势却甚于项羽，您乘胜急攻，此人可擒。"

见曹操还在犹豫，两人又献计开渠引附近的沂水、泗水，把下邳城淹了。曹操马上高兴了起来。

望着城外的一片汪洋，吕布军队中弥漫着绝望情绪。同时也因吕布的管理不善，致使上下关系不和，局面微妙。

吕布的骑兵将官侯成，有 15 匹好马，找人放牧着。结果这放马的是个贼，卷着马就往东边跑，想卖给小沛的刘备。到了晚上，侯成不见马回窝。于是到处寻找，竟然把马全都夺回来了。

其他诸将听说了这件事，都高高兴兴地凑份子庆贺。侯成也很大方，酿了五六斛酒，又猎得十余头猪，请诸将吃喝。吃之前，侯成想起吕布来了，就拿了半扇猪和五斗酒（半斛）到了吕布的府里，说："马被偷了，但托您的神福又抢回来了，特拿一些猪和酒给您，以示庆贺！"

不料马屁拍错了地方。吕布大怒："我不是早就下禁酒令了吗？你们诸将私下吃喝饮宴做兄弟，是想合起来把我架空了，然后谋杀我吗！"

侯成吓得屁滚尿流，赶紧把酒倒了，又把礼品还给诸将，再不敢私下互相来往了。

可见，吕布虽骁猛，但不善于统御下属。

另外，吕布之所以猜忌部将，是因为自己曾经背叛丁原、董卓。一个曾经不忠诚的人，他得到的最大惩罚并不是不被人信任，而是他不再信任别人。

有一天，侯成串联了几个将官，又把陈宫请来。陈宫蹚着水，来了一看，诸将面色难看，就知道不好，大喝一声："侯成你要干什么！"

侯成说："请将军带我们出城投降。"

陈宫叱道："逆贼，我身受吕布将军深恩，死也不从你们！"

"不从我们没关系，从这根绳子就可以了！"侯成说完，便举起绳子朝陈宫身上套去。正在陈宫挣扎之时，旁边的宋宪、魏续把陈宫给按住了。

随后，侯成一帮人冒着风，带着部属和装着的陈宫大箱子，打开城门往外跑。曹操早接了消息，心开目爽，率军接住这些人，然后趁势往城里涌入。

见侯成已然投降，吕布只好骑了赤兔马，和麾下高顺等死党逃上白门城楼在城顶负隅顽抗。而张辽也已经类似侯成那样率众投降了。

吕布见大势已去，只能无奈地长叹一声："早知必被你们所卖！"说完就要自刎。不过最后还是部下劝了下来，慢慢走下来投降。

几个曹将见状，仗着胆子围过来，给他捆上了绳子。

曹操见吕布被押上堂来，原本宽大的身躯，却被很没有人格地捆得蜷成了一团。吕布觉得死了没有关系，但这么没有尊严相不好，于是喊道："缚得太急了，请小小缓之！"

曹操说："缚虎不得不急也。"

虽然没有松缓点，但被喻为虎，吕布终究也是得到了一点尊重。两人先是唠了一些家常，然后吕布突然把话锋一转，郑重地说："从前管仲曾射齐桓公一箭正中腰带钩，齐桓公舍掉射钩之仇，而使管仲为相。如今您让吕布我竭尽肱股之力，为公先驱，可以吗？如今明公所患的，不过就是我吕布而已。如今我已诚服，天下不足为忧。明公将步军，我将骑兵，则天下再大，也能被我们平定！"

曹操脸上露出难以确定之色，开始权衡起这番话来。吕布一看需要继续推波助澜，正看见曹操身边坐着刘备，方欲说话，却见刘备主动开口："明公不记得当年吕布事奉丁建阳和太师董卓的事情了？"

仅此一句话，却说得妙极。曹操点点头，脸上的不确定之色也已经变得确定了。

吕布急了，用下巴尖指着刘备说："大耳儿最叵信！"意思是刘备从前对自己忽友忽叛、最无信。

这时候，陈宫也被押上来。曹操见到陈宫，多少有些生气，便朗声说道："公台，卿平常自谓智谋超人，今日竟如何？"

陈宫扭头指了下吕布："只恨此人不听我的话，以至于有今日。如果听我的话，也未必就被你们擒住。"

曹操笑道："那今日之事你当如何？"

陈宫说："为人臣而不忠，做人子而不孝，这两样有一个，死自是本分。"

曹操似乎有原谅陈宫的意思，便说道："你这样固然可以，奈何你的老母无人尽孝。"

陈宫说："我听说以孝治天下的人要率身垂范，不能害别人的亲爹亲娘，我的老母之存亡，就在明公你了。"

曹操说："那你的妻儿又如何？"

陈宫又说道："我听说施仁政于天下者，不让别人家断了香火，妻儿是死是活，也在明公。"

曹操一时无语，这人全不肯求情，要死的人却比活人还盛气凌人。

陈宫见曹操不说话，便说道："请让我出去就死，以明军法！"说完，大踏步就往外疾走，军兵拦也拦不住。

陈宫死后，曹操善待其家人犹如当初陈宫没有背叛自己时。

吕布望着陈宫跑出去就死的样子，心中也五味杂陈。忽地长叹一声，再不说话了。

曹操遂将吕布也捆至白门楼上，刽子手不敢砍，而是把他缢死。

第二十六章

铜墙铁壁比不上与士兵同甘苦

公元 199 年秋天，是个多事之秋。这时，袁绍正在调兵遣将收拾公孙瓒。

公孙瓒是个枭雄，7 年前曾跟袁绍在界桥大战过，最后被杀得落花流水。在逃回幽州之后，他的上司幽州牧刘虞嫌他穷兵黩武，怕他成功之后会危害到自己，于是不再许他出去打。公孙瓒不听，刘虞就带着数万人来打他。结果刘虞这人特仁义，巷战的时候不好意思烧民房，反被公孙瓒精选锐士数百人，顺风放火，把刘虞的数万人杀得大败，最后抓住刘虞砍了脑袋。

砍自己上司的脑袋，在古代和杀降一样，都是不光彩的事情。于是，刘虞的老部下鲜于辅等人联合了乌丸、鲜卑，集结数万兵马，推举阎柔为乌桓司马，攻击公孙瓒。公孙瓒派出渔阳太守邹丹迎敌，结果被阵斩。

袁绍随后派出骁将麴义前来帮忙，和原刘虞部下的军队一起前进，把公孙瓒打得屡屡战败。两方联军，杀气腾腾地开到公孙瓒的易京城墙下。说起易京这个地方，在易水河畔（即今河北易县），当时有童谣："燕国南陲，赵国北界，中间不合，大如石砺，只有北中，可以避世。"公孙瓒便在这里筑了城。

易京周围有十重沟堑，在每重沟堑里边，又列筑了五六丈高的京。所谓京，从古字上看，就是人工筑起的夯土高台。这些京上面，又有数千楼台，屯驻诸将和兵卒。公孙瓒的京在最内圈的沟堑里面。他的居中京台上又有宫墙，宫门是铁门，宫墙内照旧是高台。他似乎也信不过自己的部下，规定 7 岁以上的男人不许进他的京墙。

下属和部将跑来汇报工作，就从沟堑底下，用个竹篮子，把文书吊上来。他的批文呢，也用这个竹篮子把文书吊下去。

公孙瓒摸着自己的长矛和白马说："兵法云，百楼不攻。如今我有千楼，积聚谷子300万斛在我的台子上，谁能打得了我！"

这时候，袁绍的部队正和刘虞的旧兵拼命攻打。袁军携带了带有轮子的壕桥，可以推到壕沟上，越过壕桥进攻。但是公孙瓒的沟堑实在太宽了，壕桥不管用，士兵只能跳到沟堑里攻打，这样就不能携带大型攻城设备，即便带了冲撞城门用的冲车，车下到沟里去，也够不着京台上面的楼啊，于是只能从下面向上投掷和射击火箭，去焚烧高楼。但是，打仗最怕以高制低，公孙瓒的将士从数十米高的台楼上向下射击，袁军伤亡不少，连年不能攻下。

就这样耗到公元198年的秋天，袁绍实在打不动了，便修书一封，要求与公孙瓒结盟。结果公孙瓒收到信，不仅不答应，还修筑了更多工事。袁绍见状，又开始收兵攻击易京。有一次，易京有一群守军不小心掉到了堑沟中，可是公孙瓒以外面有袁绍大军为由，不予救援。最后这些守军竟然全都被活活射死。自此后，公孙瓒的将帅与士兵都稍稍离心，将士们开始为自己的未来打算。

到了公元199年春天，袁绍再次亲自率领倾国人马，把公孙瓒的城池团团围住，无数工兵好像修水利的征夫，抬运砂土，填壕平堑，试图抬高自己的作战平面高度。有的地方，不但壕填满了，还堆起土丘，和台楼对峙。就这样，一道道沟堑，陆续被突破了。而易京南边的公孙瓒军更是消极应战。他们自知不会有人来救援，便一边后退一边投降，竟然让袁绍军一天时间就到了易京城门下。

看见袁绍带着除恶务尽的架势来打自己，公孙瓒决定不能再进行消极防御了。他发出书信，求救于黑山军张燕，打算里应外合，把袁绍军击溃。黑山军张燕从前被袁绍剿杀得甚苦，这时龟缩在太行山里，见书后，便答应领兵而来。

公孙瓒组织自己的白马义从骑兵军准备突围，与张燕汇合，以断袁绍后路。这时候，他的副州长长史关靖劝说他道："现在将军将士已近土崩瓦解，他们之所以还能守战，是因为老婆孩子都被您收到了中京里边押着，而且您本人在这儿坐镇，他们还有一丝迎敌的信念。如果您一旦出击，跑到袁绍后方去，易京无主，这帮人就全得投降不可。"

于是，公孙瓒重新改回消极防御方式，守在易京不动。不久，张燕的十万骑兵步兵黑压压地杀到了，公孙瓒派使者发去战斗计划："张燕，你们准备好了之后，就从北面夜里点起火堆，我望见火堆，就突围杀出，你们接应，奋扬武威，成败在此一举。"

不料，捎这封书信的使者被袁绍的哨兵抓到了，袁绍和秘书陈琳一合计，把它的词儿给改了："我现在已经不想活了，你们也不用救我了。"

张燕得到书信，狐疑不定，什么意思啊，是要我们回去吗？就驻军在易京的最外围，不知该干点什么好，观望迟疑。

袁绍暗中布置，次夜在城北点起火堆，公孙瓒一看火堆，乐了，挥动主力军从龟缩已久的高楼京台上冲出来，飞蛾扑火似的朝着火堆撞过去，被袁绍的埋伏一通围杀，死伤过半。公孙瓒和少数还有方向感的亲兵卫队，勉强逃回中京楼台，再不敢出去了。

张燕看见这种形势，料想也打不破袁绍的铁桶，干脆解军撤去。

公孙瓒坐守枯城，愁叹良久，灰心丧气之下，又听说袁绍开始挖地道了。袁绍果然财大气粗，有的地道已经穿过沟堑下面，直达中京楼下，用柱子顶住，等把整个楼的地基挖空一半了，放火烧柱，楼就倒了。

公孙瓒看见自己的百尺高台纷纷倒塌，就把自己的老婆孩子全部下命令勒死，然后自焚。

关靖也是个烈夫，他说："我给主公出错了主意，当初如果不是劝他留下，未必落得今天下场。我听说君子陷人于危难，不能自己独活。"于是策马冲进袁绍军，被乱兵杀死。大将田楷亦引军战死。

袁绍占了公孙瓒的幽州，遂并有冀、幽、并、青四州之地，正式成为比分最大霸主。按照他之前的计划，就要南渡黄河，以临中原了。随后，袁绍骄心越盛，也不怎么给汉献帝那里送补给了。袁绍的主簿耿包看出袁绍的心意，投其所好，献上了一个劝进表。

袁绍打开一看，大意是：汉朝的赤德（火德）已经衰尽，接下来应该是黄德（土德），袁绍正好是黄德，应该顺应民心天意当皇帝。

袁绍看罢，大喜，就给群僚看耿包的上书，群僚都说耿包这人胡说八道。袁绍不得已，只好作罢。他说自己也没这个意思，还把耿包杀了以堵人口舌。接下来，袁绍暗中筹划，准备挥十数万之众南攻许都，他想，如果我把曹操剿灭了，以如此大的功劳和威势，你们还敢阻挠我当皇帝吗？

附　录

表1　黄巾起义前期黄巾军与官军情况简表

1. 黄巾军前期（184—185年）序列

幽冀黄巾军

张角：领袖，太平道教主，自称"大贤良师"、天公将军。起义主要以巨鹿为中心。

张宝：张角之弟，自称"大医"，地公将军。

张梁：张角之弟，自称"大医"，人公将军。

东郡黄巾军

卜已：兖州渠帅，响应"苍天已死"的号召。

张伯：兖州统帅。

梁仲宁：兖州统帅。

南阳黄巾军

张曼成：荆州南阳郡渠帅，自称"神上使"。

赵弘：荆州南阳郡统帅。

韩忠：荆州南阳郡统帅。

孙夏：荆州南阳郡渠帅。

颍汝黄巾军

波才：豫州颍川郡渠帅，战功显赫。

彭脱：豫州汝南郡统帅。

2. 官军序列

中央军

何进：大将军

卢植：北中郎将

皇甫嵩：左中郎将

傅燮：司马

朱儁：右中郎将

张超：司马

孙坚：司马

董卓：中郎将

曹操：骑都尉

鲍鸿：校尉

地方军

郭典：巨鹿太守

徐璆：荆州刺史

褚贡：南阳太守

秦颉：南阳太守

羊续：南阳太守

陶谦：徐州刺史

臧霸：骑都尉

郭勋：幽州刺史

刘卫：广阳太守
邹靖：校尉
刘备：无官职
王允：豫州刺史
赵谦：汝南太守
刘宠：东汉陈愍王

3. 主要战场情况

幽州

最初，黄巾军斩杀刺史郭勋与广阳太守刘卫。

184年，校尉邹靖率领军队消灭幽州起义军，刘备曾参与其中。

冀州

184年初，由卢植领导镇压起义，但由于十常侍谗言，被解职。董卓接替卢植，镇压失败。

九月，官军皇甫嵩与傅燮击败当地黄巾军。

十一月，皇甫嵩北上攻打黄巾军中枢——巨鹿。

十二月，皇甫嵩率领的官军镇压黄巾军，战斗结束。

豫州

184年初，朱儁所率官军攻黄巾军失败。

五月，朱儁与皇甫嵩、曹操等汇合，镇压黄巾军。

六月，官军镇压黄巾军。

十一月，鲍鸿再次镇压黄巾军，战斗结束。

荆州

184 年初，黄巾军斩杀太守褚贡。

六月，秦颉大败黄巾军。

十月，黄巾军再次发动战斗，秦颉汇合朱儁、徐璆再次共同镇压。

185 年正月，朱儁击败黄巾军残部，战斗结束。

徐州、扬州

184 年，徐州黄巾军小规模战斗被陶谦、臧霸等人镇压。

184 年，扬州黄巾军小规模战斗被羊续镇压。

185 年二月初，残余黄巾军基本被镇压，黄巾起义转入各自为攻、零星战斗时期。

表 2 "十常侍"简表

《三国演义》中的"十常侍"是指张让、赵忠、封谞、段珪、曹节、侯览、蹇硕、程旷、夏恽、郭胜等 10 个人。他们朋比为奸，号为"十常侍"。而灵帝尊信张让，竟称其为"阿父"。

其实，真正的"十常侍"是 12 人，即张让、赵忠、夏恽、郭胜、孙璋、毕岚、栗嵩、段珪、高望、张恭、韩悝、宋典，如下表所示：

姓名	事迹
高望	东汉宦官，十常侍之一。为小黄门兼尚书监，颇得少帝信任。
郭胜	东汉宦官，十常侍之一。曾任中常侍，封为列侯。是何皇后、何进上位的助手。
段珪	东汉宦官，十常侍之一。
赵忠	东汉宦官，十常侍之一。桓帝、灵帝最宠信的宦官之一。历任小黄门、中常侍、大长秋、车骑将军等职，封东乡侯。灵帝常称"赵常侍是我母"。
张恭	东汉宦官，十常侍之一。
韩悝	东汉宦官，十常侍之一。
宋典	东汉宦官，十常侍之一。曾任钩盾令、中常侍，封列侯。
夏恽	东汉宦官，十常侍之一。
张让	东汉宦官，十常侍之一。历任小黄门、中常侍，封列侯。灵帝极为宠信，常称"张常侍是我父"。
栗嵩	东汉宦官，十常侍之一。
孙璋	东汉宦官，十常侍之一。在灵帝宠信的宦官中排第三。
毕岚	东汉宦官，十常侍之一。

另外，蹇硕在历史上确有其人，不过其只是西园八校尉中的上军校尉。

表3　反董卓联盟情况简表

1. 事件情况简表

189 年，董卓自封丞相，成为太师。并立刘协为汉献帝。

190 年初，袁绍计划发动政变，推翻董卓，冀州刺史韩馥阻挠。

190 年正月，东郡太守桥瑁伪造三公书，谴责董卓暴行，号召各地军阀反对董卓。

190 年二月，十路地方官与军阀响应号召，建立关东联盟。首都洛阳物资供应彻底切断。

190 年二月至四月，迫于形势，董卓带领朝廷西迁长安。

190 年六月，朝廷劝袁绍罢兵，不听。

191 年，孙坚营地北移，与董卓军多次交手，并获得胜利。但联盟内讧，未在孙坚成果上再接再厉，联盟开始出现裂痕。

192 年二月，孙坚攻打董卓失败，投奔袁术。后获传国玺。

192 年三月，联盟解散。

2. 反董卓联盟参与者与驻扎地

姓名	官职	驻扎地
袁术	后将军	南方鲁阳
韩馥	冀州牧	东北方
孔伷	豫州刺史	东南方颍川
刘岱	兖州刺史	东方酸枣
王匡	河内太守	北方河内
袁绍	勃海太守	北方河内

续表

姓名	官职	驻扎地
张邈	陈留太守	东方酸枣
桥瑁	东郡太守	东方酸枣
袁遗	山阳太守	东方酸枣
鲍信	济北相	不详

另有说法认为，广陵太守张超、长沙太守孙坚、匈奴单于於夫罗三家也属于反董卓联盟。

表4 袁绍征服华北地区简表

反董卓联盟解散后，袁绍回归勃海，开始自己的征伐事业。

1. 巩固冀州（191年）

公孙瓒南袭冀州，韩馥无法抵抗，将冀州牧的职位让给袁绍，袁绍任冀州牧，拥有整个冀州管辖权。

阳城之战，袁术胜利，袁绍退回北方。

界桥之战，袁绍打败公孙瓒，公孙瓒暂时后退。公孙瓒联军中的黑山军对袁绍产生怨恨。

2. 征服青州（192—196年）

192年，袁绍大败袁术与公孙瓒的联军。

袁绍以长子袁谭为青州刺史、次子袁熙为幽州刺史、外甥高干为并州刺史，共同统治北方。

193年，袁绍占领邺城。围剿黄巾军余党黑山军。驱逐公孙瓒将军田楷。

196年，击败北海相孔融。

3. 拒绝迎接皇帝（195—196年）

195年，汉献帝逃到曹阳，沮授要求迎汉献帝到冀州，袁绍不允。

196年，曹操迎汉献帝到许昌，开启曹操的摄政时代。

4. 消灭公孙瓒（198—199年）

198—199年，袁绍大军攻打幽州，攻破易京，兼并公孙瓒军队。

5. 主要战役情况

时间	战役名称	对阵双方	战果
191 年	阳城之战	袁绍 vs 袁术	袁术胜利
192 年	界桥之战	袁绍 vs 公孙瓒	袁绍胜利
	巨马水之战	公孙瓒 vs 袁绍	公孙瓒胜利
	鹿场山之战	袁绍 vs 黑山军	袁绍胜利
	龙凑之战	公孙瓒 vs 袁绍	公孙瓒胜利
193 年	青州之战	袁谭 vs 田楷	袁谭胜利
	常山之战	袁绍 vs 黑山军	袁绍胜利
195 年	东郡之战	袁绍 vs 臧洪	袁绍胜利
198 年	易京之战	袁绍 vs 公孙瓒	袁绍胜利
199 年	太行山之战	袁绍 vs 公孙续、张燕	袁绍胜利

表5 曹操征服中原地区简表

反董卓联盟解散后，曹操回到陈留，联络兄弟几个散尽家财，开始组建自己的军队。

1. 征服兖州（191—195 年）

191 年，曹操开始组织自己的军队。

192 年，兖州刺史刘岱去世，曹操继任兖州刺史。多次击败黑山军。

193 年，曹操父亲曹嵩被徐州刺史陶谦杀害，愤怒的曹操举兵复仇。很多对曹操不满的军官密谋造反，并加入陈宫辅佐的吕布身旁。

194 年，与吕布进行了几次规模不小的战斗。与袁绍交好，成为袁绍在中原地区的代理人。

195 年，定陶之战击败吕布，重获整个兖州。

2. 迎接汉献帝（196 年）

196 年，迁都许昌。迎接汉献帝到许昌，开始曹操的摄政时代。

3. 与张绣、袁术、吕布的混战（197—198 年）

197 年初，曹操开始针对南方荆州刘表领地发动进攻。但在宛城之战中败北，只得逃回中原。

197 年秋，攻打袁术，占领大量土地。

197 年末，再次攻打荆州刘表，大获全胜。

198 年四月，李傕被叛变者刺杀，头被送往曹操处。吕布重新占领徐州。

4. 征服徐州、豫州（199 年）

199 年，徐州混战，吕布最后投降，并被曹操处决。

同年，袁术去世。刘备叛逃，开启自己的征战史。

5. 主要战役情况

时间	战役名称	对阵双方	战果
191 年	濮阳之战	曹操 vs 黑山军	黑山军胜利
192 年	武阳之战	曹操 vs 黑山军	曹操胜利
	兖州之战	曹操 vs 黑山军	曹操胜利
193 年	封丘之战	曹操 vs 袁术	曹操撤退
	彭城之战	曹操 vs 陶谦	曹操胜利
194 年	徐州之战	曹操 vs 陶谦	曹操撤退
	兖州之战	曹操 vs 吕布	两军撤退
195 年	定陶之战	曹操 vs 吕布	曹操胜利
	巨野之战	曹操 vs 吕布	曹操胜利
	兖州之战	曹操 vs 吕布	曹操胜利
196 年	下邳之战	吕布 vs 刘备	吕布胜利
	梁县之战	曹操 vs 杨奉	曹操胜利
197 年	淯水之战	曹操 vs 张绣	张绣胜利
	蕲阳之战	曹操 vs 袁术	曹操胜利
	湖阳之战	曹操 vs 张绣	曹操胜利
	舞阳之战	曹操 vs 张绣	曹操胜利
198 年	穰城之战	曹操 vs 张绣	两军相持
	小沛之战	吕布 vs 刘备	吕布胜利
	下邳之战	曹操 vs 吕布	曹操胜利

续表

时间	战役名称	对阵双方	战果
199 年	射犬之战	曹操 vs 眭固	曹操胜利
	徐州之战	刘岱 vs 刘备	刘备胜利

表 6 孙策征服江东地区简表

孙坚去世后，其长子孙策蛰伏多年，于 194 年重新获得其父军队的 1000 人，开启了自己征服江东的大业。

1. 与刘繇的战争（195 年）

195 年，孙策集结兵马 5000 余人，开始攻击刘繇。多次战斗后，刘繇失败逃往豫章郡。

2. 击败王朗（196—197 年）

196 年，部下劝孙策攻打严白虎，孙策拒绝。

同年，与王朗在会稽交战，击败王朗，迫使其投降。

197 年，孙策自封为会稽郡都督，同时与袁术断交。

3. 击败严白虎、土匪和山越（198 年）

198 年，打击刘繇余部和严白虎的联军，大获全胜。

4. 反袁术联盟（197—199 年）

加入袁绍等人的反袁术联盟，最后袁术病死。

5. 征服庐江、豫章（199—200 年）

199 年，袁术死后，获得袁术曾占据的南方领土。

同年，攻打庐江郡刘勋和豫章郡黄祖，获得全胜。

200 年，孙策在丹徒山遇偷袭，被害。死前其弟孙权继位。

6. 主要战役情况

时间	战役名称	对阵双方	战果
195 年	秣陵之战	孙策 vs 刘繇	孙策胜利
	曲阿之战	孙策 vs 刘繇	孙策胜利
	由拳之战	朱治 vs 许贡	朱治胜利
196 年	固陵之战	孙策 vs 王朗	孙策胜利
	东冶之战	孙策 vs 王朗	孙策胜利
197 年	反袁术之战	徐琨 vs 袁胤	徐琨胜利
	袁术讨伐战	孙策、吕布、陈瑀 vs 袁术	孙策胜利
	海西之战	吕范、徐逸 vs 陈瑀	孙策胜利
198 年	丹阳平定战	孙策 vs 袁术、山越	孙策胜利
	陵阳之战	孙策 vs 祖郎	孙策胜利
	勇里之战	孙策 vs 太史慈	孙策胜利
	麻保之战	孙策、太史慈 vs 麻保	孙策胜利
199 年	皖城之战	孙策 vs 刘勋	孙策胜利
	彭泽之战	孙策 vs 刘勋	孙策胜利
	流沂之战	孙策 vs 刘勋	孙策胜利
	沙羡之战	孙策 vs 黄祖	孙策胜利
	平邹佗、严白虎之战	孙策 vs 邹佗、严白虎	孙策胜利
	豫章平定战	孙策 vs 华歆	孙策胜利
200 年	庐陵平定战	孙策 vs 刘磐	孙策胜利